GPS

Guía proverbial de sabiduría

GPS

Guía proverbial de sabiduría

Instrucciones precisas para su destino final

J. Antonio Massi

Para realizar pedidos de este libro, contacte con:
Palibrio
1663 Liberty Drive, Suite 200
Bloomington, IN 47403
Gratis desde EE. UU. al 877.407.5847
Gratis desde México al 01.800.288.2243
Gratis desde España al 900.866.949
Desde otro país al +1.812.671.9757
Fax: 01.812.355.1576
ventas@palibrio.com
704265

AGRADECIMIENTOS

A nuestro Señor y Salvador Jesucristo por su gracia y favor sobre mi vida.

A Yajaira, mi esposa, compañera de viaje en esta larga jornada de ya casi 30 años.

A mis dos únicos hijos Joan David y Raquel Carolina, quienes en su caminar han sido beneficiados de los resultados, de mucho de lo que aquí escribo.

A Franklin Berroeta M., compatriota y un gran amigo de quién he recibido buenas ideas para proyectos en muchas de nuestras conversaciones.

Y todos ustedes lectores, radio escuchas, televidentes, seguidores y hermanos en la Fe en Cristo, que nos han dejado saber que lo que hacemos ha sido de ayuda a sus vidas.

PRÓLOGO

El autor y pastor J. Antonio Massi, con su pluma sapiencial nos presenta el libro: "GPS: Guia Proverbial de Sabiduría". En el mismo analiza muchos de los Proverbios de Salomón que han quedado como legado de la tradición hebrea.

El libro de Proverbios tiene 31 capítulos, y si uno leyera un capítulo por día durante un año, de seguro nuestra manera de pensar y comportarnos será modificada.

Mi colega J. Antonio Massi, con un estilo ameno, coloquial, y contextual, nos invita a reflexionar en la toma de decisiones. No tomar una decisión es ya haber decidido algo. En un tiempo de tantas contrariedades, necesitamos pensar correctamente y con sabiduría.

Este libro "GPS: Guia Proverbial de Sabiduría", es un manual práctico que ayudará en esos temas cómo las emociones descontroladas; las pasiones sexuales no canalizadas correctamente; la selección de amigos; las diferencias cómo parejas; la atención a los hijos; la vida espiritual y muchos temas más.

Este GPS nos programará para llegar correctamente a nuestro destino en Dios. Esos proverbios sabios nos indicarán cuando hacer derecha o izquierda; o cuando llegar a una determinación clave para nuestras Vidas.

Obispo Kittim Silva B.
Autor y conferencista.

ÍNDICE

INTRODUCCION

Escribir un libro no es algo fácil, pero el saber que puede ser un aporte de ayuda a la vida de muchas personas, es lo que despierta la motivación de aceptar el reto de volver a hacerlo. Durante mas de dos décadas mi esposa Yajaira y yo hemos dedicado nuestras vidas a la consejería bíblica para matrimonios y familias, y durante todo este tiempo hemos tenido que escuchar historias muy tristes y ademas hemos visto las malas consecuencias de decisiones mal tomadas en la vida. Es por esa razón que tomo este reto de escribir este segundo libro, y no puedo negar que los excelentes resultados de mi primer libro titulado "Un Misterio llamado Matrimonio" es lo que mas me anima a escribir este segundo con mayor convicción, pues a través de este trabajo se puede lograr producir una motivación especial, para que los lectores puedan hacer cambios importantes en sus vidas, cambios que le lleven a resultados satisfactorios. Hoy en una sociedad que nos presenta a través de los medios de comunicación a personas exitosas que despiertan admiración por las diferentes habilidades que poseen, habilidades musicales, deportivas, artísticas, logros políticos y muchos otros mas, y por esos mismos medios que nos llevaron a admirarlos luego nos enteramos de su lado obscuro, de sus vidas ocultas, de los ricos y famosos en su silencio, envueltos en grandes escándalos, adictos a las drogas, en pornografía infantil, envueltos en redes de narcotráfico, involucrados en asesinatos, viviendo dobles vidas y muchas otras cosas desastrosas que nos llevan a darnos cuenta, que a pesar de la fama alcanzada y el "éxito" no tienen la sabiduría necesaria para conducir sus propias vidas. Este libro es un manual de instrucciones, es una GUIA PROVERBIAL de SABIDURIA (GPS) tomada de la fuente de la Sabiduría Divina del Libro de Proverbios. El libro de Proverbios es uno de los libros de La Biblia, que es la Palabra de Dios, escrito por el Sabio Monarca de Israel, Salomon, el hombre a quien el eterno Dios le otorgo la sabiduría la cual nadie a tenidá ni tendrá; eso significa que va a recibir una mentoría directa del hombre mas sabio que ha existido, esta guía le servirá de ayuda en asuntos de su vida diaria, asuntos como la influencia de las malas amistades, el manejo del dinero, el valor de la perseverancia en los momentos de desanimo, el poder de las pasiones sexuales, el valor del matrimonio como regalo para nuestros hijos, el uso incorrecto de la lengua y muchas instrucciones más, que le ayudaran a pensar de una manera equilibrada y así poder alcanzar el éxito diseñado por Dios para su vida.

Con la seguridad de la ayuda que ya hemos presenciado en muchas personas a quienes les hemos compartido estas instrucciones, le entregamos a usted este libro con ideas prácticas para su vida diaria, estoy seguro que mientras lee estas páginas encontrará en ellas la sabiduría de Dios guardada en el cofre de Proverbios, su diario vivir será influenciado positivamente por lo practico de estas instrucciones. Gracias por acompañarnos en esta larga jornada.

J. Antonio Massi

Dover FL.

Noviembre 2014

CAPITULO I

Comienza hoy un cambio para tu futuro

"El primer paso para ser sabio es tomar la decisión de adquirir sabiduría. Así que usa todo lo que tengas para obtener sabiduría y la conseguirás" (Proverbios 4:7 PDT)

Con mi vida yo hago lo que me da la gana... ... a mi nadie me tiene que decir lo que yo tengo que hacer... ... déjenme en paz, no se metan en mi vida que yo no me meto en la de ustedes... declaraciones como estas que acabamos de leer nos muestran el escenario de muchas personas que viven en la vida pensando que hacer todo lo que me viene en gana es la mejor demostración de que son libres y felices. Y quiero dejarles saber que estas palabras no solo las escucho de muchachos adolescentes sino también de adultos en edad de productividad que influenciados por la corriente de pensamientos egoístas le han sembrado a nuestra sociedad la semilla del "si te gusta, hazlo" "si se siente tan bien, no pude ser tan malo" y eso ha llevado a muchos a vivir su vida sin claridad de propósitos, sin tener claro la razón de su existencia. Para muchos ya es conocido que el vivir bajo la filosofía del hacer "lo que a mi me da la gana" les ha acarreado consecuencias dañinas e irreversibles y también muchos han perdidos a seres queridos en edad muy temprana debido a este errado estilo de vivir. Ahora al lado de esa filosofía de vida incierta, con muchos momentos de vacíos, soledad, aburrimiento, tristezas y muchas insatisfacciones, existe otra opción de vida diferente, que le llevará a descubrir razones por la cual vivir, es una opción que te ofrece el vivir la vida, ya no por tus propios impulsos, ya no viviendo conforme a solo deseos que aparecen repentinamente, sino a vivir la vida de una manera efectiva, dicho en otras palabras, a vivir la vida haciendo lo correcto. Y tal ves pienses, se puede vivir haciendo lo correcto? Creo que he vivido lo suficiente como para poder decirle que si, pues lo hemos experimentado en nuestras propias vidas y lo hemos visto en la vida de muchos otros que se cansaron de vivir sin propósitos y abrieron su mente y su corazón a este estilo de vida diferente pero seguro. Quieres saber mas sobre este estilo de vida? Bueno esa es la razón por la que escribo este nuevo libro, para guiarte a descubrir por ti mismo la ruta de una vida segura, ayudado por el GPS para llevarle a una vida con verdadera satisfacción.

Esa ruta nos lleva a aprender a vivir con SABIDURIA, ese ingrediente especial, dado por Dios que hace que veamos claramente lo que otros no ven, es salir de una vida de confusiones a una vida con valores definidos, vivir con Sabiduría es saber y hacer las cosas de la manera correcta. Tal vez estés pensando: Esta bien, me gusta eso, pero, donde consigo esa sabiduría? -ah que bueno, gracias por preguntarlo, pues entonces le respondo, la podemos conseguir a través de una relación sincera con Dios, el Creador de nuestras vidas, quien nos conoce mejor que nosotros mismos. Quiero llevarle a que se detenga por un momento y se pregunte: Estoy totalmente satisfecho con la vida que he llevado? Puedo estar solo sin que haya ruido a mi alrededor, sin tener la radio, o la TV, o cualquier dispositivo de sonido externo encendido? Puedo quedarme solo con mis pensamientos y ver lo que realmente hay dentro de mi mundo interior? Le animo a que lo haga, al levantarte en la mañana, no encienda ningún artefacto de sonido, quédese solo consigo mismo sin ningún ruido a su alrededor y eso le permitirá ver sus verdaderos pensamientos a través de sus momentos de soledad. Le animo que al entrar en su carro, no prenda la radio, no ponga nada que haga ruido y quédese solo consigo mismo. Eso le ayudara a descubrir que es lo primero que viene a su mente, cuales son los pensamientos que tienen mas fuerzas cuando no hay nadie a su lado y cuando no hay ningún sonido a tu alrededor, y verá que el silencio será un gran amigo para evaluar su mundo interno. La razón por la que le pido que se escuche a si mismo en la soledad de sus pensamientos es porque al hacerlo le ayudara a descubrir lo que hay depositado en su corazón, todo cuanto ha visto, oído o sentido durante su vida forma parte de su verdadero yo, sus padres, hermanos, la casa en la vivió, la escuela, los amigos, los recuerdos tristes o alegres, todo eso es parte de usted y hoy ejerce una influencia en su manera de comportarse, su manera de tomar decisiones y mucho de los resultados que hoy ha obtenido, se debe a todo eso que le he mencionado.

Con sabiduría puedes cambiar tu futuro.

El Monarca Salomón, el hombre más sabio que ha existido y que no habrá otro más sabio que el, dijo: "busca sabiduría ante todo, antes de obtener bienes materiales procura primero tener sabiduría" esas son las palabras de un hombre a quien Dios le otorgó la mayor sabiduría que un mortal puede tener. Ese consejo debería ser enseñado en los salones de clases, no importando cual sea la carrera o profesión que se quiera alcanzar, se hace necesario escuchar estas palabras "busca sabiduría antes de cualquier otra cosa" observe al Rey Salomón diciendo "sabiduría ante todo", sabiduría, no solo conocimiento, y allí hay una gran diferencia pues el conocimiento puede ser adquirido en salones de clases pero la sabiduría proviene de Dios, que es la fuente de toda sabiduría. He tenido la oportunidad de tener a jóvenes recién graduados de la universidad con bachilleratos o maestrías y al evaluar su mundo interior tienen grandes confusiones hasta con la carrera obtenida, de allí que podemos encontrarnos con muchos que con sus títulos y grados académicos no pueden conseguir un empleo, pero conozco a muchos otros que no han obtenidos títulos pero se han dedicado a seguir el consejo bíblico de buscar sabiduría, y son personas que logran metas que tienen los objetivos definidos, ese es el resultado de la sabiduría que Dios ofrece a todo aquel que la pide. El Apostol Santiago escribe sobre esto en el capitulo 1 y en el verso 5 diciendo: "si alguno de vosotros tiene falta de sabiduría, pídala a Dios, el cual la da a todos en abundancia y sin reproches y le será dada" quiero que preste atención a esto que nos dice el Apóstol "el cual la da a todos" que le parece? A TODOS, de manera que allí está incluido usted. Dios otorga sabiduría a todo aquel que la anhela, a todo aquel que entiende que la necesita, y entonces ora a Dios sabiendo que El puede darla en abundancia. Quiero decirle que esa ha sido mi petición de oración por años, y tengo que agradecer a Dios todo lo que he recibido y los alcances que hemos tenido por tomar ese consejo de buscar sabiduría ante de cualquier posición material o cualquier decisión que hemos que tenido que tomar. Nuestra vida ha cambiado mucho en los últimos 10 años donde hemos recibido lo que nunca imaginamos. El manejo del dinero, la relaciones amistosas, el pasar por alto la ofensa, el desanimo frente a los obstáculos, los conflictos matrimoniales son algunos de la muchos cambios que hemos logrado por ese ingrediente llamado sabiduría. Hoy se lo puedo endosar a usted con la seguridad que ella será tu escudo, Salomón nos dice atala a tu cuello y escríbelas en la tabla de tu corazón.

Quiero que revise los siguientes verbos que Salomón usa para motivarnos hacía la Sabiduría, "amala" "abrázala" "no la dejes" "engrandecela". Comience hoy mismo a pedir a Dios sabiduría para los diferentes retos de la vida y le aseguro que Dios no le dejará sin respuesta y su futuro será diferente a lo vivido en el pasado. En los siguientes capítulos vamos a tomar el GPS (Guía Proverbial de Sabiduría) para que nos indique la ruta a seguir en caminos que pueden ser confusos, entre ellos: el escoger correctas amistades, el valor de perseverar antes los obstáculos, el enfrentar las tentaciones sexuales, el valor de la vida matrimonial y familiar, el dejar las cosas para después, el como enfrentar el temor al futuro, el desprendimiento sicológico y geográfico de nuestros hijos, el preparárnos para la vejez, son algunos de los muchos caminos donde necesitamos las instrucciones correctas para llegar a nuestro destino final, y como ya lo sabe, habrá muchos momentos en que el GPS le mostrará que ha estado recorriendo una ruta equivocada y tendrá que recalcular y salir en la siguiente salida para tomar el camino correcto. Prepárese para seguir las instrucciones del GPS Divino y de seguro le evitará grandes contratiempos. Veamos ahora el GPS para cada ruta que vamos a transitar, y acompáñeme en esta jornada para que juntos lleguemos al destino que Dios ha planeado para nuestras vidas.

CAPITULO 2

Las malas amistades:
Dime con quien andas...

Hijo mío, si los pecadores quieren engañarte, ¡no se los permitas! Ellos te pueden decir: «Ven con nosotros; sólo por gusto atrapemos y matemos algún inocente cuando pase. Nos tragaremos vivo a alguien, como el sepulcro se traga a los hombres que caen en él. Obtendremos toda clase de riquezas; llenaremos nuestras casas con todo lo robado. Ven, comparte tu suerte con nosotros; nos repartiremos todo lo que obtengamos». ¡No les hagas caso, hijo mío! Apártate de sus caminos, porque sus pies se apresuran hacia el mal; ¡tienen prisa por derramar sangre! (Proverbios 1:10-16 NBD)

Es mi mayor deseo que las palabras que escribo en este capitulo sean preventivas para los lectores que se adentran junto a mi en esta travesía atendiendo a las señales que están en el camino, pues aunque podemos también producir sanidad y curación a las heridas ya producidas, no debemos olvidar que se tarda mas tiempo y siempre quedan cicatrices. En los versículos que leímos al inicio del capitulo nuestro mentor Salomón nos deja ver un escenario claro de estar rodeados de las personas no apropiadas. Ahora no quiero negar que todos necesitamos tener amigos cercanos con quienes podemos acompañarnos en nuestra ruta de vida, sin embargo debemos ser muy selectivos en cuanto a escoger a ese tipo de amigos, el escritor Salomón nos dice cuales son las características que debemos mirar en las personas como señales de peligro para nuestro recorrido, en otros pasajes del libro de Proverbios el nos dice que "el que con sabios anda, sabio se convierte, pero el que se junta con necios será avergonzado". Algunas señales de advertencias para detectar una mala compañía se ven claramente en el pasaje de Proverbios 1:10-16 se las menciono:

1.- Unete a nosotros, en otras palabras, se parte de nuestro grupo; hoy estoy seguro que muchos padres pudieran hablarnos a muchos de nosotros y contarnos como un hijo que ha sido criado de una manera cuidadosa, con valores claros enseñados desde la niñez, bajo el temor a Dios, con solo unos meses de malas amistades se ha venido todo abajo y la rebeldía se anida en el corazón de ese joven y luego no importa cuantos consejos, ruegos y advertencias hagan los padres a los hijos, el corazón de muchos jovenes se cierra debido a que sienten que es mejor agradar a los amigos para sentirse aceptados que agradar a su padres y ser rechazados por el grupo, en mi opinión como pastor y consejero bíblico por mas de 25 años, esa es gran parte de la razón por la que se forman las pandillas, aceptación y la emoción de ser parte de un grupo, que ejerce presión a muchos que no tienen clara la ruta a seguir en sus vidas. Para quienes son padres les animo a que seamos nosotros que le demos la mayor aceptación a nuestros hijos, aun cuando tengan sus defectos, para así evitar que sean otros que capten su atencion y luego nos hagan la vida mas difícil; a los hijos una palabra de ayuda para tu futuro, el sentirte aceptado por un grupo que te lleva a hacer lo que en tu casa producirá dolor y decepción a tus padres, puedes estar seguro que al final, tu lo vas a lamentar, de manera que antes de buscar reunirte con las malas amistades, quiero que tengas presente que a pesar de que los padres cometemos errores y muchas veces decimos palabras que les lastiman, ustedes pueden estar seguro que dentro de lo mas profundo del corazón de los padres lo que mas deseamos para ustedes, es que les vaya bien en la vida y puedan amar a Dios.

2.- Una segunda advertencia que noto en el proverbio que estamos leyendo es "obtendremos toda clase de riquezas" en otras palabras obtener el dinero fácil, esa es la carnada mas atractiva para sacar a alguien del buen camino por el que anda y desviarlo a pensar que la mejor forma de vivir la vida es obtener dinero sin esfuerzo, llevando a muchos a un camino de muerte. Si usted aun piensa que no hay riesgos en tener a nuestro alrededor a individuos de mala reputación o de un andar sospechoso, revise los expedientes de casos de personas que hoy están pagando condena por estar en el lugar incorrecto, con las personas incorrectas y ahora desearían devolver el tiempo para poder tener la oportunidad de tomar decisiones correctas y no decisiones para complacer a otros. Muchas de la personas que hoy están en las cárceles perdieron el rumbo correcto debido a que comenzaron a escuchar a otros decir que se puede tener dinero haciendo esto o esto otro y sin tener que trabajar que es la manera que Dios lo ha diseñado, con el trabajo bien hecho. Padres e hijos, revisemos bien a quien estamos escuchando, quienes son las personas con quienes compartimos nuestro tiempo, ideas, planes, porque de no hacerlo podemos ser influenciados casi sin darnos cuenta a cometer una estupidez que nos puede costar muy caro, y estoy convencido debido al tiempo que ya he vivido que el dinero tiene un poder que ejerce una fuerza sobre nuestras decisiones, he llegado a concluir que el dinero puede llevarle a hacer lo que usted nunca pensó que haría, por lo tanto le exhorto a que se conecte a personas que le lleven a fortalecer sus posibilidades de caminar en un sentido correcto.

3.- Una tercera advertencia que veo es "nos tragaremos vivo a alguien", quiero aplicar este versículo a las palabras populares que hemos escuchado mucho en el mundo de los negocios seculares, el mundo comercial sin tener en cuenta a Dios, ese dicho que dice "todo los días sale un tonto a la calle y siempre hay alguien que tiene la dicha de conseguirlo" o dicho de otra manera "el pez grande siempre se come al mas pequeño" y con eso justificamos nuestras mas bajas pasiones sin importar a quien o a quienes le podamos hacer daño, ese estilo de vida en su mayor parte del tiempo es alimentado por las conversaciones con personas necias que pueden arruinar nuestras vidas y hacernos miserables sin importarnos mas nadie que nosotros mismos. Cuando escucho esa clases de personas alrededor mío, me pregunto, quiero yo ser como ellos? He podido ver esta mentalidad aun en personas involucradas en el ministerio cristiano, y me digo a mi mismo, con las experiencias que he vivido es mi mayor deseo no dejarme influenciar por nadie aun cuando sea una persona reconocida o "exitosa". Es mi deseo que al leer las palabras de este proverbio usted pueda salir de la ruta de las personas que se aprovechan de las debilidades de otras. El GPS Divino nos dice "Apartate de sus caminos" algo similar a escuchar, se salió de la ruta correcta y vamos a recalcular. Ahora, no quiero dejar la impresión que nos vamos a convertir en sus enemigos, a que no vamos a tener relación con ellos, no, es claro que no, pues eso es contrario a la vida cristiana, lo que si es definitivo es que no vamos a perder ninguna oportunidad para dejar en ellos una palabra de ayuda, ser amables con ellos y intentar de llevarlos a que caminen por la ruta correcta, pero sabiendo sin lugar a dudas que no serán las personas que deberíamos invitar a que caminen junto a nosotros.

El chismoso aparta los mejores amigos.

Quiero hacer mención a una cita dicha por Ernest Hemingway que leí:" Se necesitan dos años para aprender a hablar y sesenta para aprender a callar." Cuanta verdad hay encerrada en esa frase, y ademas quiero hacer mención ahora a lo que nos dice Dios acerca de este tema, El perverso provoca contiendas, y el chismoso divide a los buenos amigos. (Proverbios 16:28 NVI). Es entonces necesario para caminar por la senda correcta que tomemos la indicación que Dios nos deja ver y es que debemos estar convencidos que la relación con personas chismosas, que no es otra cosa que hablar mal de una persona ausente, sea verdad o sea mentira, nos llevara a ser llamados personas necias, así lo dice Salomón, el que propaga el chisme es necio. Si usted no presta atención a estas palabras se verá envuelto la mayor parte del tiempo en problemas. Es posible que usted haya ya conocido personas que no disfrutan una conversación donde se este hablando bien de alguien ausente, les molesta escuchar que se hable de sus logros, o talentos o reconocimiento de su buen estilo de vida, les molesta eso y se sienten incomodos y al tener la primera oportunidad de hablar, inmediatamente clavan la daga directa al corazón diciendo cosas, parte verdad y parte mentira para dañar la imagen de la persona. Si usted no había pensado en los riesgos que existen al estar relacionados con personas chismosas, le dejo saber que

Dios nos hace responsables diciéndonos que somos tan culpables como el que inicia la conversación, y nos dice que somos quienes ponemos combustible para alargar las palabras del chismoso. Preste atención: Sin leña se apaga el fuego; sin chismes se acaba el pleito. (Proverbios 26:20 NVI). Entonces le exhorto a que no sea usted de los que alimenta el chisme poniendo la leña de sus oídos y sus palabras. Supe de una familia que para salirse de los riesgos de ser cómplices de lo que Dios aborrece, decidieron poner un letrero en la sala de su casa que decía "todo lo que usted diga de alguien que no esté en este lugar, nosotros nos encargaremos de que lo sepa". Que bueno sería si cada uno de nosotros pudiéramos tener la valentía de hacer lo mismo y así apagar el fuego del chisme que tanto daño a hecho a las relaciones humanas. Le gustaría ser usted uno de los apaga fuegos del chisme? Entonces no ponga la leña, pues sin leña se apaga el fuego. Quisiera terminar este capitulo llevándole a la ruta correcta y no permitir andar por la ruta de los que apartan a los mejores amigos, de los que crean rivalidad, que despiertan intriga y dañan congregaciones por tener una lengua que necesita estar domada. Hoy mismo le pido que cierre este libro y ore a Dios pidiendo la valentía de no permitirle a nadie que le hable mal de otra persona, al hacerlo va a descubrir como usted puede impactar la vida de otras personas llevandoles a caminar por la ruta correcta.

CAPITULO 3

El que siembra viento...
cuidado con el adulterio

Pero al que comete adulterio le faltan sesos; el que así actúa se destruye a sí mismo. No sacará más que golpes y vergüenzas, y no podrá borrar su oprobio. (Proverbios 6:32-33 NVI)

Dediqué unos capítulos en mi libro titulado Un misterio llamado matrimonio sobre este tema tan determinante para la sociedad, después de escuchar muchas historias tristes y dolorosas en nuestra oficina como consejeros bíblicos a matrimonios y familias, hemos podido ver lo destructivo que es el adulterio para la vida familiar. Al considerar las instrucciones del GPS Divino nos deja saber el poder tan destructivo que tiene el camino del adulterio, y en el pasaje bíblico que leímos al principio de este capitulo nos hace advertencias muy serias sobre el peligro que hay cuando se toma esta ruta inapropiada. Es como los carteles o avisos que vemos en las carreteras y autopistas cuando conducimos nuestros automóviles, es algo como ver un aviso que nos dice "carretera resbaladiza" o tal ves algo como "conduzca con precaución, animales salvajes en la vía", esa es la forma como el escritor aborda el tema de la infidelidad en la vida matrimonial, y es curioso verlo así de manera tan realista y luego compararlo con un sistema de pensamientos de una sociedad engañosa que nos hace ver que la infidelidad matrimonial o el adulterio es algo para disfrutar o algo para romper la rutina, y nos presenta el escenario como bueno, agradable y hasta necesario. Le pido a que me acompañe a leer las palabras que el escritor de proverbios usa para hablarnos de esas advertencias, nos habla que el que comete adulterio le falta entendimiento, le faltan los sesos, eso nos muestra que cuando se comienza a jugar y a coquetear con el adulterio lo primero que comienza en el proceso es que el razonamiento se nubla, y lo que es obvio y elemental comienza a volverse relativo, el entendimiento es bloqueado por un deseo de conseguir lo que a la larga sabemos que no es correcto, y es mi deseo ayudarle a usted como lector a que tome muy seriamente estas palabras que quieren evitarle que tome la ruta equivocada, cuando la persona comienza a jugar con su conciencia, ese policia interno que nos recuerda que algo está mal y hacer poco caso a esa alarma que nos esta diciendo "cuidado" "peligro" es cuando las señales de tu GPS interno debe ser atendidas. Aun a pesar de esas señales nos enfrentamos a nuestro deseo carnal, a nuestro egoísmo que nos reclama satisfacción, y para el hombre esa satisfacción está siempre asociada a placer, a ese placer sexual de estar con una persona que no es su esposa, se activa la lujuria y desde allí nos precipitamos a una caída libre, pues todos los pensamientos que vienen sobre esa relación prohibida esta justificada por el placer, es solo el placer lo que cuenta; sin embargo para una mujer es diferente, cuando una mujer se involucra en el territorio de la infidelidad y el adulterio su mayor motivación no está en el placer sexual sino en relaciones emocionales que no están siendo satisfecha o las que tiene están siendo comparadas con esa nueva persona que aparece en su camino, que puede ser un compañero de trabajo, un amigo del esposo, un conocido en las redes sociales y muchas otras situaciones que comienzan a despertar en ella emociones que la llevan a debilitar sus valores y pensar que ella no es la única, que todo el mundo lo hace y por que yo no puedo hacerlo, al fin y al cabo Dios sabe como me estoy sintiendo en mi matrimonio, y allí esta listo el escenario que traerá según lo dice el escritor de proverbios "no sacara mas que golpes y vergüenza y su oprobio NUNCA será borrado. Quiero que preste atención a las advertencia que nos deja ver por adelantado cual va a ser los resultados de ese pecado sexual, nos dice que será golpes, algunos emocionales y algunos casos hasta físicos, debido a que la persona inocente al enterarse (y siempre se va a enterar, tal ves no inmediato, pero no hay nada oculto que no vaya a salir a la luz) pierde el control por lo humillante del caso, o a veces por los hijos que sienten que no pueden entender lo que ha sucedido y se despierte una agresividad en contra del padre o la madre infiel. Quiero ayudarle a que mantenga la ruta correcta y para ello quiero que se afirme en esta verdad que he comprobado después de atender en mi oficina a muchos que se han creído la mentira de esta sociedad enferma y después de ser descubiertos buscan ser restaurados, entonces allí veo frente a mi al cónyuge infiel diciéndome que si tuviera la oportunidad de devolver el tiempo nunca haría lo que hizo, que quisiera recuperar lo que ha perdido y entonces veo la realidad de las instrucciones de Dios que nos deja saber que el pecado sexual produce ruina a la vida matrimonial, también a la familia y a la persona misma que lo comete.

No juegue con fuego porque de seguro se va a quemar.

Proverbios 5: 20 ¿Por qué andarás ciego con la mujer ajena, y abrazaras el seno de la extraña? Morirás por falta de corrección y por lo inmenso de tu locura." Lo que mas me gusta del libro de Proverbios es que nos enseña sobre muchos asuntos para el éxito en la vida, y en este libro vamos a seguir aprendiendo muchos de esos asuntos, la pereza, el uso del dinero, la sabiduría al callar, la envidia oculta, el valor de la familia, el tipo de amistades y muchísimos asuntos más, y entre ellos el tema que estoy tratando en este capitulo sobre la pureza sexual, y por la experiencia que tengo como educador a los matrimonios y consejero observo la gran necesidad de compartir las enseñanzas bíblicas sobre este asunto tan crítico de la vida humana que es la sexualidad, es penoso oír a personas que se creen la mentira de que la sexualidad es solo un problema de los adolescentes. Sin embargo la experiencia reciente en nuestras oficinas nos indica que las personas de mediana edad y aun adultos mayores libran grandes batallas sobre este asunto, así que quien le escribe le da la bienvenida al club de los que todavía estamos enfrentando el problema de la tentación sexual; el monarca Salomón con sabiduría de Dios nos hace una pregunta: Por qué andarás ciego por la persona ajena? Hay un proverbio popular que nos dice que el pasto del vecino siempre se ve más verde que el nuestro, hasta que vives en el y lo comienzas a ver diferente; los seres humanos tenemos un gran problema interno que debe ser trabajado para lograr corregirlo y ese problema es querer tener lo que no tenemos y restarle valor y no disfrutar lo que ya tenemos. Y creo por los últimos resultados que he visto que no es extraño este punto en lo que tiene que ver con la fidelidad sexual, la Biblia nos advierte que por estar ciego por la persona ajena, y quiero que preste atención a la expresión "CIEGO" eso nos dice que se pierde de vista los valores, cuando la Palabra de Dios nos dice porque andarás ciego por la persona ajena, nos deja claro que las pasiones sexuales son tan intensas como mencione en el pasaje bíblico anterior que se pueden traspasar todas las barreras del buen juicio y de la inteligencia, puede llevar a una persona al adulterio, a robar, mentir y aun a perder de tal manera el juicio que no ve consecuencias solo quiere placer y por ese placer puede llegar al crimen, solo por satisfacer los deseos sexuales, y eso lo vemos en los noticieros, y quiero repetirle que eso no es solo para adolescentes y jóvenes, también es la batalla que enfrentamos los adultos y aun los de edad avanzada; es muy fácil cegarse cuando no se establecen murallas de protección, ahora este proverbio también nos dice las consecuencias, dice que morirá por falta de corrección y por lo inmenso de su locura, allí lo tiene sin anestesia, morirá por su falta de corrección y por su locura, de manera que quiero concluir este capitulo diciéndole que el dolor final pronto borrará ese placer temporal, no lo olvide las consecuencias serán tan dolorosas que no quedará ningún placer para recordar. El hombre conocido con el título de "conforme al corazón de Dios" el Rey David, La Biblia nos dice que se convirtió en un adultero, y tuvo que pagar cuadriplicado su pecado, donde sus hijos sufrieron las consecuencias de violación sexual, asesinato de un hermano a otro y la rebelión a la autoridad Real contra el mismo de su hijo amado Absalom, es algo para tomarlo en cuenta para nuestro matrimonio. Y termino este capitulo pidiendo que si usted ha estado envuelto en este pecado entonces hoy mismo decida salirse de el, vaya a Dios con arrepentimiento sincero, humillese delante de El, y digale que está consiente que ha perdido el rumbo, que tomó la ruta equivocada, que desobedeció su compromiso de fidelidad y que no quiere volverlo hacer, supliquele a Dios a que lo limpie con su sangre y que le de las fuerzas suficientes para tomar el camino correcto y va a experimentar el perdón de Dios y su maravillosa gracia para un nuevo comienzo y si usted es de lo que no se ha involucrado en esta situación de gracias a Dios por haberlo guardado y ore pidiendo que lo siga protegiendo del pecado del adulterio; pues el que siembra vientos cosecha tempestades. Le invito a que no forme parte del grupo de las personas que han tenido que vivir por su propia experiencia lo que Salomón dice en Proverbios: Pues bien, hijo mío, préstame atención y no te apartes de mis palabras. Aléjate de la adúltera; no te acerques a la puerta de su casa, para que no entregues a otros tu vigor, ni tus años a gente cruel; para que no sacies con tu fuerza a gente extraña, ni vayan a dar en casa ajena tus esfuerzos. Porque al final acabarás por llorar, cuando todo tu ser se haya consumido. Y dirás: «¡Cómo pude aborrecer la corrección! ¡Cómo pudo mi corazón despreciar la disciplina! No atendí a la voz de mis maestros, ni presté oído a mis instructores. Ahora estoy al borde de la ruina, en medio de toda la comunidad.» (Proverbios 5:7-14 NVI)

CAPITULO 4

No dejes para mañana...
Derrote a la pereza

¡Anda, perezoso, fíjate en la hormiga! ¡Fíjate en lo que hace, y adquiere sabiduría! No tiene quien la mande, ni quien la vigile ni gobierne; con todo, en el verano almacena provisiones y durante la cosecha recoge alimentos. Perezoso, ¿cuánto tiempo más seguirás acostado? ¿Cuándo despertarás de tu sueño? Un corto sueño, una breve siesta, un pequeño descanso, cruzado de brazos... ¡y te asaltará la pobreza como un bandido, y la escasez como un hombre armado! (Proverbios 6:6-11 NVI)

Hay unos refránes populares escuchados por años que han demostrado ser muy ciertos en la vida y que quiero mencionarles en el inicio de este capitulo. "La pereza y el fracaso andan tomados del brazo" y el otro es "El que trabaja con pereza nunca acaba lo que empieza". Esos refranes son parte de las enseñanzas que el Sabio Salomón escribe en este manual de sabiduría para la vida llamado el libro de Proverbios. Es tan importante dedicar un capitulo sobre este tópico ya que la pereza está incluida dentro de los siete pecados capitales, si no había escuchado acerca de los pecados capitales, son una clasificación de los males nombrados en los comienzos de las enseñanzas del cristianismo para instruir a los creyentes acerca de la moral cristiana. Esos pecados se han visto repetirse en la vida humana, y se detecta que es donde la naturaleza humana tiene mayor inclinación y entonces dan origen a otros pecados y males y de allí el término capital. Cuando era niño escuchaba una canción que en su letra decía "a mi me llaman el negrito del batey, porque el trabajo para mi es un enemigo, el trabajar yo se lo dejo todo al buey, porque el trabajo lo hizo Dios como castigo" tal ves usted lector también la haya escuchado, y quiero que sepa que la letra de esa canción, que se hizo popular alimenta la idea del que el trabajo es una maldición y entonces da paso a que pensemos que la vida feliz es la vida fácil, y allí aparece la pereza. Bueno, la pereza que es el asunto a tratar en este capitulo es uno de esos pecados capitales que le mencioné, entonces podemos darnos cuenta que es muy fácil caer en las garras de este vicio, debido a nuestra inclinación humana. Es tan evidente que da origen a otros males, que la Palabra de Dios dice que la necesidad y la pobreza se unen y llegan a la vida a través de la pereza como un hombre armado. Si leemos de nuevo el pasaje bíblico al inicio de este capitulo podemos ver que nos habla de un insecto llamado hormiga, y nos exhorta a que miremos a la hormiga y aprendamos de ella, en otras palabras, si quieres evitar el fracaso, y quieres alejar la miseria de tu hogar entonces debes ir a la cátedra de la hormiga y que ella sea nuestra mentora sobre el valor de el esfuerzo, el valor de la perseverancia y el valor de terminar lo que se comienza. A mi me despierta curiosidad que Dios en su Palabra nos invite a ir donde la hormiga, mira a la hormiga, mira como se conduce y saca sabiduría de ese insecto tan insignificante, creo que es para detenerse y pensar lo que Dios nos está diciendo, tu un ser con capacidad de razonar necesitas aprender de este pequeñito insecto llamado hormiga. Es para pensarlo y extraer sabiduría.

Aprendiendo de la hormiga.

Entonces mirando las instrucciones de este manual de proverbios voy a sacar lecciones para compartirlas con usted apreciado lector. Leemos que nos dice que ella "no tiene quien la mande, ni quien la vigile ni gobierne" no le parece interesante? Ella no necesita tener a alguien que la esté mandando para hacer lo que tiene que hacer, allí hay escondido un principio de sabiduría para la vida laboral, y es que las personas que trabajan sin necesidad que se les diga lo que tienen que hacer serán personas efectivas y lograrán aumentos en sus salarios pues aprovechan su tiempo al máximo y por ende serán más productivos. Ahora también debemos pensar en la razón por la que muchas personas no logran sostener un empleo por más de 2 años, y es que tienen el hábito negativo de que solo hacen lo que se les ordena, si se les dice tenemos que enviar las invitaciones a los miembros para la reunión anual, entonces al terminar de enviar la última invitación sienten que ya hicieron su trabajo y que ya no hay más nada que hacer pues eso es lo que me dijeron que hiciera, y entonces comienzan a hablar por teléfono, o con otros empleados con la misma mentalidad que ellos, envían mensajes de texto a sus allegados, entran al internet para ver las redes sociales en su tiempo de trabajo, y si se les pregunta que por que no está haciendo algo de trabajo, sin ningún sentimiento de vergüenza te responden "ya yo terminé lo que tenía que hacer con las invitaciones". Esa clase de personas no son las que las empresas quieren contratar, pues son personas promedio, solo hacen lo que se les ordena. Y quiero ayudarle a que me entienda este principio de éxito laboral comparándolo con los estudios, si usted está estudiando una clase que se evalúa con letras, si la A es la calificación más alta y la F las más baja, usted solo necesita una C para aprobar la clase, pues la persona promedio, que solo hace lo que se le manda dice, para que sacar una A sí solo necesito una C para aprobar, y allí está su estilo de vida, solo hacer lo mínimo que se requiere, más nada. Pero los que viviendo sabiamente dicen, con una C yo apruebo pero yo puedo dar más de mi, de manera que no me conformo con una C pues si yo hago un poco más puedo sacar una A, esos son los que usted ve que logran los ascensos en sus trabajos, reciben los aumentos de paga sin tener que pedirlos a su jefe, pues ellos tienen el principio de la hormiga, no necesito que me manden a hacer algo, si ya terminé lo que me asignaron, voy a buscar que otra cosa puedo hacer para que esta empresa siga creciendo, pues el crecimiento de ella le da estabilidad en mi empleo y también beneficio para mi familia. Puedo sacar una C pero no me conformo con ella, pues puedo ser un empleado A. No ha visto usted a esa clase empleados que llegan y al poco tiempo escalan posiciones que los empleados promedios no alcanzan? Lo más triste es que los empleados promedios los que nunca hacen un esfuerzo mayor que el que le mandan, después de ver al que llegó después de ellos en una posición mayor, entonces en vez de buscar que fué lo que el hizo que yo no hice, comienzan a criticar y a unirse a otros trabajadores frustrados, que hablan de que lo ascendieron porque es un adulador del jefe y el es esto y es lo otro, y el tiempo sigue pasando justificando su fracaso y criticando los logros de los que hacen un poco mas de lo que le pidieron y luego con el pasar del tiempo son despedidos de su empleo pues su actitud hacia el trabajo es hacer lo mínimo, pero esperando lo máximo. Yo he tenido cerca a trabajadores promedios que hasta hacen chistes y burlas de aquel que trabaja responsablemente, aun cuando no tiene a nadie que supervise su trabajo, hace lo que tiene que hacer aunque no lo estén viendo, aquel que como la hormiga que no teniendo capitán, ni gobernador prepara su comida para el verano y son los que conquistan mientras que los otros son unos críticos que solo viven amargados y entonces como lo dice Dios en su Palabra, les visita la necesidad.

Prepara en el verano su comida

Según la descripción biblica del libro de proverbios la filosofía de las hormigas es que ellas piensan en el verano todo el invierno, esto es muy importante. Durante el invierno, las hormigas se dicen a si mismas "estamos en verano, es el tiempo para prepararnos, ya viene el invierno. Desde el primer día cálido, las hormigas salen de su nido. Cuando hace frío la hormigas regresan pero luego ellas saldrán al primer día cálido. Ellas no pierden el tiempo que hay en verano pues tienen que estar preparadas para el invierno, donde no saldrán en ningún momento. Que cantidad de comida guardará una hormiga durante el verano para prepararse para el invierno? La respuesta es todo lo que ella pueda. Que increíble manera de vivir sabiamente, no desaproveches la oportunidad, la hormiga tiene su enfoque en "has-todo-lo-que-puedas". Que le parece a usted? Cree que podríamos aprender algo de ella? Piense cuando llegue el invierno, el frío, la lluvia, no podremos salir de la cueva, entonces no hay preocupación, pues hemos trabajado en el verano para este tiempo de invierno y tranquilas colonia, que hay para todas! Voy a tomar una lección mas de la vida de la hormiga para otro capitulo de este mismo libro, por ahora le invito a que usted haga una comparación de su filosofía de vida con el de la hormiga, y revise sus resultados y saque sus conclusiones y si debe hacer cambios, sea honesto con usted mismo y hágalo hoy. No le permita a la pereza que le domine. Actúe ya!

Al que madruga Dios lo ayuda

Aunque hay quienes creen que ese refrán esta en la Biblia, quiero decirles que no está, es solo un refrán popular, mi madre lo solía decir mucho, al que madruga Dios le ayuda, y también "al que madruga recoge agua limpia". Es solo un dicho de refranes populares que encierran verdades que están apoyadas por La Biblia. En el capitulo 6 de proverbios que hemos tomado para el inicio de este capitulo nos dice: Perezoso, ¿cuánto tiempo más seguirás acostado? ¿Cuándo despertarás de tu sueño? Un corto sueño, una breve siesta, un pequeño descanso, cruzado de brazos... ¡y te asaltará la pobreza como un bandido, y la escasez como un hombre armado! (Proverbios 6:9-11 NVI). Este es solo uno de los muchos pasajes en el libro de Proverbios que nos habla en contra de la pereza y del perezoso. Alguien escribió que el perezoso dice: "Tengo una gran duda ... los vagos vamos al cielo o viene alguien a buscarnos?". ¡ajaja eso si es vagancia. Si hay un trabajo que el perezoso hace muy bien, es encontrar excusas para no trabajar. Aún terminando de levantarse dice que está muy cansado. Salomón enfrenta al perezoso haciéndole preguntas para hacerlo salir de ese vicio tan dañino, hasta cuando vas a estar acostado? es como tomarlo del cuello y decirle "basta ya de tanta vagancia" "levántate de esa actitud de improductividad" y si no lo haces pronto vendrá la pobreza y la necesidad para ti y los que te rodean. He visto familias que han tenido que verse envueltas en muchas clases de problemas debido a la actitud perezosa de un hijo que siendo adulto, aún sigue siendo una carga para sus padres. Es debido a eso que quiero guiarles a que cambie la ruta de destino para sus hijos y les lleve al camino de la productividad, no cometa el error de seguir conduciendo más tiempo por la ruta nociva de la vida fácil, cómoda para sus hijos, pensando que si usted como padre o madre les hace todo lo que ellos tienen que hacer, le está mostrando cuanto los ama, y entonces por no hacerle la vida difícil, no le exigen que hagan sus responsabilidades de casa y al hacer eso solo les está preparando la ruta del fracaso. Debido a que muchos padres bien intencionados, guiados solo por los sentimientos, han permitido que sus hijos vivan sin ninguna responsabilidad que cumplir, hoy estamos viendo a una generación de jóvenes que duermen hasta las 10 de la mañana, que no arreglan sus cuartos, no ordenan su ropa, y que para entrar a sus habitaciones hay que hacerlo bajo nuestro propio riesgo, pues al entrar al dormitorio, el escenario en el es parecido a un desastre producido por un huracán, similar a lo que dice proverbios: En cierta ocasión pasé por el campo y por la viña de un tipo tonto y perezoso. Por todos lados vi espinas. El terreno estaba lleno de hierba, y la cerca de piedras, derribada. (Proverbios 24:30-31 TLA). Es por eso que el manual de instrucciones de proverbios nos advierte, que si sigue durmiendo, sigue sin ser productivo, no hay ninguna exigencia a que haga lo que tiene que hacer, el resultado para el perezoso será la necesidad, que no es otra cosa que una vida sin fruto, sin logros, y el hambre tendrá que ser saciada por padres que sienten en su ser interno la sensación de fracaso, y en su silencio y soledad se preguntan en donde fallaron. Quiero guiarle a que si usted es padre o madre, y aún tiene hijos pequeños, tome las instrucciones del manual Bíblico y llévelos al camino de la productividad, asigne tareas pequeñas, llevar la bolsa de basura al envase para ella, enséñeles a hacer su cama, y en la medida que vaya creciendo déle responsabilidades mayores como lavar los platos, limpiar un baño y estará sacando del corazón de sus hijos ese espíritu negativo de pereza. Además no le permita que duermas más de lo que es necesario, pues es allí donde el hábito a la pereza, que es ese deseo de no hacer nada, comienza su proceso de crecimiento, durmiendo más y cuando se le pide que se levante entonces escucha de parte de su hijo las mismas palabras del escritor a los proverbios: "espera, un poquito más" "más tarde, dame unos minutos" un cruzar los brazos, un corto sueño, una breve siesta, un tiempo de dormitar y así vendrá tu pobreza como un hombre armado, y al fijarme en la expresión un hombre armado, pienso que la implicación es dejarnos claro que el hábito del perezoso se hace tan fuerte que luego para derrotarlo es como enfrentarse a un hombre armado, es decir que se hará difícil. Y yo he sabido debido a nuestro trabajo como pastores y consejeros bíblicos de padres que cuando comienzan a ver el problema en grande, cuando ven que su hijo con edad de ser productivo para la casa al contrario se convierte en un exigente hijo que con violencia, con ira pide que se le de lo que el quiere, y si se le dice que trabaje, entonces reclama diciendo que el no tiene que trabajar, pues para eso son ustedes mis padres; allí ven el cumplimiento de lo que dice el Sabio Salomón ¡y te asaltará la pobreza como un bandido, y la escasez como un hombre armado! Quiero terminar este capitulo leyendo este texto bíblico con referencia al perezoso: "Miré, y lo puse en mi corazón; Lo vi, y tomé consejo. Un poco de sueño, cabeceando otro poco, Poniendo mano sobre mano otro poco para dormir; Así vendrá como caminante tu necesidad, Y tu pobreza como hombre armado". (Proverbios 24:32-34 RVR1960) y ahora después de leerlo le animo a que usted tome tiempo para orar y pedirle a Dios que le ayude a poner en práctica esta verdad bíblica y luego poder disfrutar de la bendición de Dios. Así que actúe ya!

CAPITULO 5

La verdadera amistad... Gracias Dios por los amigos

El hombre que tiene amigos ha de mostrarse amigo; Y amigo hay más unido que un hermano. (Proverbios 18:24 RVR1960)

En todo tiempo ama el amigo, Y es como un hermano en tiempo de angustia. (Proverbios 17:17 RVR1960)

Es necesario que en la vida tengamos personas a quienes podemos llamar amigos, amigos verdaderos. La amistad verdadera es presentada por el escritor a los proverbios como algo que debe ser demostrada, no solo con las palabras sino a través de las acciones. Para poder lograr ese cometido el Monarca Salomón, quien era hijo de el Rey David, nos muestras las instrucciones confiables para la ruta de una verdadera amistad, a través de los pasajes que leímos al inicio del capitulo, podemos lograr los requisitos para alcanzar esa amistad verdadera que todos en algún momento de nuestra vida la vamos a necesitar. Antes de extraer esos requisitos y hablar de ellos, les quiero compartir esta historia que escuché o tal ves leí hace mucho tiempo sobre un caso de la vida real sobre una verdadera amistad, me conmovió tanto que aún la recuerdo, tal vez no tan exacta pero con la esencia de ella bien clara, y quiero compartirla con usted en este capitulo, esta es la historia:

Fueron dos grandes amigos desde la adolescencia, se criaron en la misma ciudad, estudiaron en la misma escuela y compartieron muchos momentos juntos en el mismo equipo deportivo en el que jugaban, al pasar los años, se casaron e hicieron cada uno su propia vida familiar, a pesar de sus nuevas vidas de casados y los compromisos que cada uno tenía, sacaban tiempo para encontrarse y pasar un tiempo juntos, tomando un café y hablando de sus proyectos de vida. En una de las conversaciones uno le dijo al otro que tenía en mente trabajar independiente para no dedicar sus fuerzas trabajando para otro, y le dijo que había estado estudiando el mercado donde estaban y pudo ver que dedicarse a la venta de artículos de cuero era una buena forma de establecer su propio negocio, le habló de todo lo que ya sabía y le compartió los detalles de donde conseguir a buen precio la materia prima y allí ese día después de pasar un buen rato juntos como en los años anteriores se despidieron con un gran abrazo y regresaron a sus vidas de familias. Unos meses después de haber tenido esa conversación el que había hablado de sus proyectos de trabajar independiente estableció su propio negocio de venta de cuero y artículos hechos del mismo. El negocio tal y como lo había imaginado comenzó a darles buenos resultados, las ganancias del negocio del cuero le permitieron mejorar su estilo de vida y además la iglesia en la cual se congregaban también fue beneficiada por sus diezmos, ofrendas y donaciones que hacia para los planes de la congregación. Todo marchaba muy bien hasta que un día a solo unos cuantos minutos de distancia de su negocio, inauguraron un nuevo negocio para vender artículos de cuero, allí mismo cerca de el, ahora tenía la competencia. Lo más difícil para el fue el enterarse que el dueño de ese nuevo negocio era su amigo de toda la vida. No lo podía creer, habló con su esposa y le dijo que estaba totalmente desconcertado pues su amigo nunca llegó a hablarle de que iba a establecer también un negocio del mismo rubro y menos tan cerca al de el. No sabía como actuar, pensó en llamarlo y decirle lo mal que se sentía hacia el, lo consideraba una traición y además algo desleal, pero a pesar de todo lo que sentía no se atrevió a llamarlo. A solo días de inaugurar su nuevo negocio, el nuevo dueño fue a la tienda de su amigo de toda la vida para invitarlo a que estuviera con el en sus días de apertura, allí estaba solo su esposa ya que el había salido para terminar unos nuevos pedidos, después de saludarla le dejó dicho con ella que quería que fuera a estar con el allí en su tienda. Después de salir, ella llamó a su esposo para contarle acerca de la invitación, algo que lo hizo ponerse más resentido en contra de su amigo, le dijo a su esposa que lo veía como una burla y que además no era digno de llamarlo su amigo, así que decidió no ir y romper toda relación con quien había sido su amigo de gran parte de su vida. El otro extrañado de no recibir ninguna respuesta, le llamó varias veces por teléfono, pasó otras veces por su tienda, pero con solo verlo llegar con su auto al frente de la tienda, lo evitaba, no salía al frente, dejaba que fuera uno de sus hijos o el empleado que tenía que lo recibiera, y de nuevo su gran amigo le dejaba saludos y les decía a quienes lo recibían que le dijeran que estaba extrañado de no recibir respuesta, que le había llamado también por teléfono y le dejaba mensajes y no había sabido de el. Debido a eso, se rompió definitivamente esa amistad, nunca más se encontraron ni se vieron a pesar de todos los intentos del otro amigo que había establecido el negocio después de el. La situación llegó a ser tan difícil, que el primer comerciante llamaba al otro su enemigo. La situación era muy difícil, y cada vez que el primer negocio anunciaba un precio especial de oferta de algún producto de cuero, el otro negocio ponía un especial por debajo del precio del primer negocio. El primer comerciante le decía a su familia que lo que el otro dueño hacía era solo por verlo destruido, es para sacarme del negocio, lo que quiere es quedarse el solo en la ciudad, pues hay artículos que lo esta vendiendo al precio de costo, no le da ninguna ganancia, es solo por destruirme. El primer negocio, aunque fue primero en el área comenzó a bajar sus ventas, la situación económica comenzó a ser muy difícil, intentó mantenerse a todo costo pero las deudas no le permitían continuar; debido a la situación fue a su iglesia a la que había ayudado en su tiempo de abundancia y le pidió un préstamo para saldar las deudas y hacer algunas negociaciones a corto plazo, el pastor le dijo que iba a hablar con la junta sobre su petición y le daría la respuesta de cuanto podrían prestarle. A la semana siguiente el pastor le informó que la junta consideraba que no era sabio hacerle el préstamo pues eso daría pie para que cada miembro de la iglesia que estuviera en aprietos económicos vendría a la iglesia para pedir dinero prestado y que no podrían negarlo por haber ya hecho un préstamo a el. Estaba sorprendido, no podía creer que en este momento tan difícil le dieran esa respuesta tan fría y sin importancia a quien había ayudado tanto a los proyectos de la iglesia, desesperado acudió a su ya retirado padre y le contó la situación, para que el pudiera prestarle ese dinero, pero su padre tampoco tenía la disponibilidad ya que había hecho un gasto al pagar la hipoteca de la casa para no tener deudas de pago mensual. Bajo ese escenario pensó que había que cerrar el negocio, reunió a su familia y le dijo que tendría que vender lo que quedaba del negocio y salir a buscar un empleo, pues no consiguió la ayuda que esperaba. Hizo un aviso de venta del negocio y lo puso afuera, el aviso decía: "se vende este negocio pionero del cuero en esta su ciudad, se escuchan ofertas", ese mismo día que puso el anuncio, entró su viejo amigo a la tienda sin darle tiempo a esconderse, al entrar le dijo que no entendía el porque vendía el negocio, es una industria bien rentable, tu mismo me enseñaste acerca de el, te está yendo mal? el otro con el orgullo herido le hizo ver que quería abrirse a otro producto, y el amigo le preguntó, a que producto? Y el no le tuvo respuesta; allí pudo detectar que era un problema económico y le preguntó en cuanto lo vendía, el aún con su orgullo lastimado a más no poder le dijo un precio por encima del que esperaba, su amigo entonces poniéndole la mano derecha sobre su hombro le dijo: "quiero que mantengas tu negocio del cuero, tu eres una persona brillante y con grandes ideas" y tomando su chequera le hizo un cheque de veinte mil dólares y se lo entregó diciéndole, quiero prestarte este dinero para que salgas de todos los compromisos que tienes y levantes tu negocio, no te preocupes por pagarme de inmediato, cuando ya estés nuevamente bien establecido me lo puedes pagar por parte, pues para eso somos amigos, para darnos la mano en el momento de la necesidad. Recibió el cheque con lágrimas en sus ojos, jamás pensó que la ayuda que necesitaba vendría de quien el había llamado su enemigo. El negocio se levantó, su familia fue prosperada y ambos continuaron en el negocio del cuero y lo mejor de todo fue que siguieron siendo amigos, lo leyó bien, siendo AMIGOS.

La verdadera amistad debe ser demostrada.

Conmovedora historia, no le parece? Ahora después de leerla quiero regresar a las instrucciones bíblicas del libro de Proverbios, y leer donde nos dice: "En todo tiempo ama el amigo". Cuando los inevitables tiempos difíciles llegan a nuestras vidas, el aprecio sincero y la ayuda leal que nos ofrecen esos amigos son como un salvavidas en medio del océano. Todos necesitamos tener esa clase amigos, y lo sabemos muy bien, pues con solo pensar en una situación adversa en medio de la madrugada, siendo las 3 de la mañana y sabiendo que necesita llamar a alguien, a quien llamaría? Tendría usted a la disposición esa clase de amigos como para saber que puede llamarle a esa hora, sin el temor que pueda sentirse molestado? O tal ves vamos a verlo de esta manera, es usted esa clase amigo que puede estar disponible como para que lo llamen y le despierten en medio de la madrugada? Podría alguien verlo a usted como un amigo tan especial y sincero, al que no dudaría en interrumpir su sueño? Es bueno que pensemos en eso, pues nos ayuda a llegar a la conclusión de saber, si tenemos esos amigos o si somos esa clase de amigos. Observe esto, en todo tiempo ama el amigo, eso nos está diciendo que no se es amigo solo cuando las cosas están bien, se es amigo también cuando llegan los tiempos de desacuerdos, cuando las opiniones son contrarias, y creo que es allí donde no hemos tenido la sabiduría para cultivar esa clase de amistad de la que Dios nos habla en su Palabra. Y aquí quiero ser honesto, no hablo de tener amigos con relaciones superficiales, de amistades que solo se mantienen por las circunstancias, sino de amigos dedicados, que han demostrado con el pasar del tiempo que son amigos con quien podemos contar.

Es posible que al analizarlo podamos decirnos con sinceridad, yo no cuento con esa clase de amigos, y si los hay, son tan pocos que puedo contarlos con los dedos de una mano. Si está de acuerdo conmigo, entonces esto debe llevarnos a cambiar la ruta que hemos mantenido y conducir por la ruta de cultivar amistades verdaderas.

GPS para encontrar amistad verdadera

Si al examinar la ruta ha descubierto que el camino de la amistad verdadera usted no lo ha transitado, entonces vamos a poner las directrices correctas y vamos a conducir hacia el camino Amistad verdadera según el GPS Divino.

1.- El tiempo de recorrido es largo, no pretenda buscar atajos, pues le hará perder más tiempo. Esta instrucción nos hace salir de la ruta fácil de andar creyendo que una amistad verdadera se consigue de manera casual o instantánea, no existe esa posibilidad. Para encontrar el camino de la verdadera amistad debemos contar con el tiempo suficiente para construir unas bases sólidas, no cometa el error de creer que puede llegar a conseguir amistad verdadera sin invertir el tiempo suficiente. Es muy difícil encontrar amigos a quienes se les pueda confiar nuestra privacidad, compartirles nuestros secretos, hablarles de nuestros sueños e ilusiones, dejarles saber nuestro dolor, hablarles de nuestras heridas, además que le podamos hablar de nuestros logros sabiendo que se produce en ellos alegría, eso no se logra tan fácilmente pues eso nos lleva tiempo, de manera que usted debe invertir tiempo para poder conseguir amigos, a quien podrá dejarles saber de sus errores cometidos y las decepciones que ha tenido, sin temor a ser criticado o a ser usado como ilustración del próximo mensaje dominical.

2.- Debe pasar de largo la ofensa, no hay verdadera amistad si no hay desacuerdos o momentos de molestia, los van a haber pero no se detenga en esa vía a mirar lo que a la larga le producirá solo resentimiento y amargura y le desviará por el camino de la enemistad. Las amistades profundas se producen cuando dos personas están dispuestas a correr el riesgo del fallo, de las imperfecciones; y quiero prepararle a que no espere relaciones de amistad perfectas, no las va a conseguir pues esa amistad verdadera esta compuesta por personas imperfectas.

3.- Tome el camino de la flexibilidad. Los verdaderos amigos debemos ser flexibles con los otros, no podemos esperar que se conduzcan de la misma manera que nosotros, ser flexibles nos ayudara a mantener nuestras relaciones, debemos aprender a tolerar las actitudes desagradables o comentarios desagradables dichos en un momento impulsivo. Esa tolerancia es la que nos permite escuchar de un amigo contar una historia que ya habíamos escuchado y seguir diciendo que somos amigos. Y quiero dejarle con este texto bíblico: El hombre que tiene amigos ha de mostrarse amigo; Y amigo hay más unido que un hermano. (Proverbios 18:24 RVR1960). Tiene usted amigos? Se muestra usted amigo, en todo el sentido de la palabra? Esta usted unido a amistades que pueden decirse que son más que hermanos? Le invito a que sea y tenga esa clase de amistad verdadera. Tome su teléfono y llame a ese amigo con quien tiene tiempo sin hablar y déjele saber que quería saludarle y dejarle saber a el que usted es un amigo.

CAPITULO 6

La Crítica: más valiosa que mil halagos

El necio cree que todo lo que hace está bien, pero el sabio atiende los consejos. (Proverbios 12:15 DHH)

El hierro se afila con el hierro, y el hombre en el trato con el hombre. (Proverbios 27:17 NVI)

Pobreza y vergüenza tendrá el que menosprecia el consejo; Mas el que guarda la corrección recibirá honra. (Proverbios 13:18 RVR1960)

En mi caminar de vida cristiana he llegado a descubrir que todos necesitamos de personas que nos digan la verdad de frente, aunque no nos agrade. Cuando intentamos evadir a ese tipo de personas o escapar de la crítica corremos el riesgo de ir al desastre en caída libre.

Es lamentable que haya tantas personas que dicen llamarse amigos y que viendo a una persona que está actuando de manera equivocada, no tengan el amor suficiente para decirle a esa persona a la que llaman amiga: "quiero decirte que lo que estas haciendo te va traer malos resultados, estas actuando mal y quiero que sepas que te lo digo para que corrijas a tiempo"; eso es protección, eso es valor para ayudar al que puede estar pensando que lo está haciendo bien a que haga un cambio de sentido y que conduzca su vida hacia otra dirección. Una de las habilidades más difíciles de aprender a la hora de relacionarnos con otros es aprender a manejar las críticas. Tanto que seamos nosotros quienes tengamos que dar la represión o ser el critico de alguien, como cuando nos toca a nosotros tener que recibirla. Ambos casos requiere de buenas habilidades. Si quien hace la observación, lo puede hacer con el proposito de ayuda puede ser muy constructivo y debe dar una información bastante clara de lo que va bien y de lo que no va bien. Ahora no todos quieren decir la verdad cuando es desagradable, y además hay personas que no quieren oír nada que sea para corregirle, si se le dice que algo esta mal lo que hacen es que lo toman como un ataque personal, he tenido bien cerca a está clase de personas, que no quieren oír ninguna corrección y el resultado no se hace esperar, el tiempo sigue pasando y ellos repitiendo sus desaciertos y sin ser motivados a ser mejor personas, y luego contemplamos su fracaso, dicho fracaso que ya era anunciado, era de esperarse, por no querer oír sino cosas que le agradan, y tener siempre al lado a personas que le digan lo que ellas quieren oír, cosas como: "usted es la persona apropiada para estar aquí" "no preste atención a esas críticas pues Dios te ha colocado aquí y lo que Dios te ha dado nadie te lo quita" "Continúa firme pues esa autoridad es para que la uses como tu sientas hacerla" y luego Dios usa el tiempo para demostrar que las críticas no eran agradables pero si eran necesarias para lograr los buenos resultados que se buscaban. Cuando llegué a ver el déficit en un caso muy cercano en el que fuí parte de la situación, mirándolo con la óptica cristiana, llego a concluir que hay personas que nunca llegarán a ser lo que Dios quiere para ellas. Hoy cuando escribo este libro tengo la seguridad en el caso cercano que ya mencione antes en el que estuve, que la corrección era necesaria y además dicha de manera directa tenía la motivación a soluciones que dejarían mejores resultados. Hoy el tiempo ha demostrado que tenía la razón. Y es por eso que la escrituras sagradas en el libro de Proverbios nos deja ver claramente que sin críticas ni correcciones, es muy extraño que podamos tener crecimiento, es más he llegado a ver en mi caminar cristiano, que una reprimenda firme, directa y con amor es más valiosa que los halagos y reconocimientos falsos. Eso es lo que nos dice el Sabio Salomón en los textos que hemos mencionado al comienzo de este capitulo, escritos en el libro de proverbios.

Necio es quien se cree que todo lo que hace, esta bien.

Una de las enseñanzas más directas que he recibido de la critica, la recibí de mi hija Raquel cuando tenía unos 16 años, debido a que no estuve de acuerdo en permitirle a ella que se quedara durmiendo una noche en la casa de otra joven de la iglesia, se presentó una conversación fuerte entre nosotros, ya que ella alegaba que otros padres ministros le habían permitido a sus hijas quedarse en ese lugar y yo era el único que no le daba el permiso para que ella lo hiciese, me pidió razones del porque mi prohibición, le di una tras otra, y para todas las que les daba tenía un nuevo argumento, y ya estaba sintiendo que estaba perdiendo la paciencia, luego me dijo que yo me creía que me lo sabía todo y que siempre quería tener la razón, eso hizo que estallara y entonces con gran ira le dije: "ya te dije que no vas, y no tengo que darte explicaciones, así que te callas, no vas y no vas, no vas, no vas y lo repetí tantas veces como pude, se lo dije a la pared, al perro, a la estufa, a la ventana del patio... y allí mi hija viéndome tan airado se me quedó mirando y luego de un rato de silencio me dijo: "como me gustaría que la gente de la iglesia te viera gritando así como lo estas haciendo, y no solamente como te ve en el púlpito, si te vieran así como estas ahora, estoy segura que no te comprarían ninguna de las grabaciones de enseñanzas que tienes", allí me puso en evidencia de mi mala manera de actuar y me dolió mucho escucharlo de ella y sobre todo cuando hizo una comparación a como me conduzco en la iglesia. Hoy todavía agradezco sus duras palabras, realmente duras, pero me ayudó a salirme de esa actitud negativa.

Ahora lo más dañino de esto, es que por no decirle a la persona la corrección, entonces se le anima a seguir actuando de la misma manera errónea, y lo más hipócrita que he visto es que estando al frente de la persona se le dicen solo elogios y luego cuando no está presente dicen que están de acuerdo que está haciendo las cosas mal y allí dan sus opiniones negativas que no se atreven a decirlas en su presencia. He aquí esta porción de La Palabra de Dios: Vale más reprender con franqueza que amar en secreto. Más se puede confiar en el amigo que hiere que en el enemigo que besa. (Proverbios 27:5-6 DHH) El no poner en practica este consejo bíblico ha traído que las personas se conviertan en personas necias, según lo dice el escritor de proverbios, es la Biblia quien le da ese título, la Palabra de Dios le llama necio, la razón por la que le da ese título es porque creen que todo lo que hacen está bien, no aceptan corrección, y allí siguen alimentando su necedad. Si quiere que le demuestre ese punto de vista le pido que lea con atención este pasaje de proverbios y saque usted su conclusión y compárelo con las experiencias que usted ha vivido, el texto dice así: El que se pone terco cuando lo reprenden, pronto será destruido sin remedio. (Proverbios 29:1 DHH). Mire las implicaciones encerradas en este texto, cuando lo corrigen se pone terco, es decir, no admite la corrección, se defiende, se pone en contra del que lo corrige y la terquedad llega a ser tan intensa que hasta crea una enemistad con la persona que quiere ayudarle a salir de la situación en la que se encuentra, y si vemos también nos dice cual será los resultados para esa persona necia, nos dice que pronto será destruido y no habrá para el remedio. Allí está en blanco y negro, será destruido y no habrá para el remedio. Yo lo he estado viendo, y usted?

Al que escucha la corrección es sabio.

Ahora también La Palabra de Dios nos habla de la contraparte, la antítesis, lo contrario a la persona necia, nos habla de la persona sabia. Mire lo que nos dice del sabio: corrígelo y te amara, el sabio atiende el consejo, el que acepta la corrección recibe honra. Al leer varios de los proverbios quedo convencido que Dios a través de su Palabra nos anima a que mostremos interés por los demás, a través de la corrección, ahora quiero que sepa que cuando se confronta a una persona para hacerle ver su error, la forma como ella responde, nos da una muestra de su verdadero yo, de su ser interior, allí nos deja ver su carácter. Un sabio es aquel que cuando se le confronta recibe la crítica y da gracias por la sinceridad del que le quiere ayudar a mejorar.

Como mostrar sabiduría ante la crítica.

Si usted está tomando estas instrucciones bíblicas sobre el libro de Proverbios y quiere estar dentro de los que son llamados sabios, entonces quiero que conduzca hacia el destino correcto. Estas señales que voy a compartirles son las que le llevarán por la ruta de la vida sabía. Para saber como responder a la confrontación tomamos las instrucciones para vivir sabiamente. Aquí se las comparto:

1.- Una manera sabia de enfrentarse a las críticas y que nos permite dejar clara nuestra posición, es escuchar al critico sin necesidad de defendernos, no trate de contraatacar, mientras está hablando su critico no busque en sus pensamientos las palabras que va a dar como respuesta. Una actitud sabia nos dice proverbios es escuchar y eso favorece situaciones en las que ambas partes, el que corrige y el corregido ganan, al dar oportunidad a las palabras del crítico a la misma vez que mantenemos nuestra atención a quien nos habla.

Si quiere actuar sabiamente entonces no interrumpa al que le habla, deje que termine todas las ideas y opiniones que la persona quiere comunicarle, y esto debe hacerlo aún cuando usted piense que sus palabras están erradas, tenga el dominio propio para esperar sin interrumpir. La tendencia natural es responder inmediatamente que nos sentimos acorralados, es una reacción desde nuestro ego, pero no lo haga, déjelo finalizar y cuando termine, dígale, "lo que dices es razonable, no lo había visto de esa manera", déjele ver que está aceptando razonablemente su crítica. Eso le da tranquilidad al crítico y le pone a usted en la posición de agradecido y que va a pensar en su consejo.

2.- Haga un análisis de las correcciones y acéptelas sin sentirse culpable ni sentirse menospreciado por eso. Evite pedir demasiadas disculpas y no se precipite en ofrecer cambios que luego no vaya a cumplir. Sabiendo ya el panorama puede incluso darles las gracias a la persona que te ha hecho la crítica por llevarte a ver una zona obscura de tu carácter y ayudarte a mejorar en ella.

Luego que has aceptado tu error, puedes seguir adelante con confianza, en lugar de quedarte detenido o paralizado en la decepción o la autocrítica.

3.- Evite a cualquier precio enfadarse o sentir incomodidad con la persona que le ha enfrentado, eso debe ser derrotado pues le pone a usted en una posición de falta de madurez ya que solo está dejando ver, que no está preparado para enfrentar la crítica. No deje pasar mucho tiempo sin estar en contacto con la persona pues de hacerlo se puede interpretar como desagrado, y luego al haber cualquier otra conversación puede caer en el terreno de estar en oposición. Actúe con madurez, demuestre en público y en privado y a usted mismo como persona que si puede mantener amistad sincera con alguien que le hace correcciones que a usted no le son agradables pero si necesarias y al hacerlo el tiempo le dará grande satisfacciones. Así lo dice Dios en su Palabra, al que recibe la reprensión recibe honra. Le ánimo a que lo haga a la manera de Dios.

Hierro se afila con hierro.

Prov 27:17 "El hierro se afila con el hierro y el hombre con el trato del hombre" Que interesantes las palabras de este proverbio para descubrir rutas de sabiduría para la vida diaria, y doy gracias a Dios por esta oportunidad de escribir sobre esto que el escritor nos dice: "hierro se afila con el hierro" y eso es conocido por la mayoría, pues cuando usted quiere sacar filo a un cuchillo no utiliza un pedazo de cartón pues el cartón no es un material que favorece para sacar filo y el proverbista nos dice que hierro con hierro se afila y la otra verdad comparativa del proverbio nos dice y el hombre con el trato del hombre; en otras palabras de la misma manera como el hierro necesita al hierro para sacar filo, las personas necesitan de personas que le ayuden a mejorar en su vida, y allí veo tan oportuno aplicar esta verdad bíblica a la vida del matrimonio,(si desea más sobre este tema le recomiendo mi libro Un Misterio llamado matrimonio, publicado por editorial Palibrio) sin ninguna duda de mi parte por estar casado con Yajaira por más de 29 años me ha afilado en muchas áreas de mi vida, pues ella posee un discernimiento que me ha bendecido, y hoy puedo decir con toda seguridad que como hombre, esposo y pastor me ha ampliado mi capacidad de percepción; ahora hoy puedo decir que eso me ha bendecido, pero no siempre fue esa mi opinión pues muchas veces las palabras de mi esposa para afilarme, me producían molestia pues en mi opinión ella todo lo veía mal y lógicamente se creaba momentos desagradables, es por eso que el escritor nos dice que hierro con hierro se afila, afilar es molesto y a veces es doloroso, pero el filo que se logra entre los cónyuges se da por el trato, ahora no siempre es positivo que a uno le digan solo lo que nos agrada, también hace falta que nos digan lo que necesitamos pues eso nos ayuda a ser mejores personas, por ejemplo recuerdo a Yajaira decirme cuando vivimos en Venezuela: "por favor no te comprometas en cosas que tu sabes que no vas a cumplir, pues quieres complacer a todos y lógicamente a alguien le quedas mal y quiero que tu sepas que cuando tu quedas mal por un compromiso que tomaste y luego no lo cumples, yo también me siento mal pues yo soy parte de tu vida, aprende a decir NO, pues te crea menos problemas" cosas como esas me sirvieron para afilarme y a ser mas consiente de mis responsabilidades; hoy aconsejamos a muchas parejas matrimoniales a que se complementen en vez de atacarse, pues hierro con hierro se aguza y así el hombre con el trato del hombre, le pido a que vea a su cónyuge como un complemento y no como una competencia, saquen provecho de sus virtudes y cúbranse sus defectos y téngalo por seguro que en su hogar le van a estar muy agradecidos.

Viviendo y funcionando en la vida.

Continuando con Proverbios 27:17 que dice hierro con hierro se afila y el hombre con el trato del hombre" es curioso que cuando uno evalúa las expectativas que los novios tienen cuando piensan en casarse sean tan elevadas y que luego de casarse esas expectativas no cumplidas genera unos comportamientos contrarios a los que se habían trazados, llevándoles a pensar que no son aptos para permanecer unidos, y muchas voces extrañas aparecen para reafirmarles que es mejor romper con esa unión, ahora cuando vemos el proverbio que estamos tomando como base nos dice que el hombre se aguza, se afila, se perfecciona en relación con otros que le lleven a mejorar, y es allí que Dios ha levantados a tantos pastores y ministros con una palabra direccional a los matrimonios que confundidos por tantas voces extrañas, les lleva a creer que el divorcio es una solución; con la responsabilidad a la que Dios nos ha llamado como ministros y consejeros les podemos decir sin lugar a dudas que el divorcio crea más problemas que el mismo matrimonio disfuncional, y saben lo que Yajaira y yo estamos aprendiendo en los últimos análisis que hemos hecho de las diferentes parejas que hemos atendido? Que personas con grandes expectativas no cumplidas, se rinden fácilmente y no buscan afilar sus vidas para cortar lo dañino entre su relación y hacerla funcionar, pero nosotros somos testigos de matrimonios que están dispuestos a intentar nuevas actividades, a escuchar nuevas ideas, aprender de quienes hemos puesto en práctica principios espirituales que funcionan y tomar la resolución de hacer funcionar su relación sabiendo que no va a ser sencillo pero que si es posible, parejas que están abiertas a enfrentar desafíos, nuevos retos, que no tienen miedo a hablar la verdad y decir : "necesitamos ayuda, nos estamos hundiendo, queremos salvar nuestra relación" y entonces Dios quien está a favor de los que mantienen su voto de permanencia interviene y afila y los lleva con su esfuerzo a contentarse con su pareja, hoy lo podemos enseñar a muchos, pero a veces nos decimos Yajaira y yo: Ojala alguien nos hubiera dicho el día de nuestra boda que lo más importante que podíamos hacer era tener personas que nos dieran modelos de crecimiento matrimonial, que nos afilara como el hierro afila el hierro. Quiero decirle que en los momentos difíciles busque a los ministros que Dios ha llamado para llevarles a ustedes a disfrutarse mutuamente y evite escuchar las voces que les confundan.

CAPITULO 7

La ira: el defecto dañino de la mecha corta

Mejor es el que tarda en airarse que el fuerte; Y el que se enseñorea de su espíritu, que el que toma una ciudad. (Proverbios 16:32 RVR1960)

El hombre iracundo levanta contiendas, Y el furioso muchas veces peca. (Proverbios 29:22 RVR1960)

El que fácilmente se enoja hará locuras; Y el hombre perverso será aborrecido. (Proverbios 14:17 RVR1960)

Quiero comenzar este capitulo mencionando algo que compartí ya en este libro cuando escribí sobre la pereza, y es que la ira forma parte de la lista de los 7 pecados capitales. Como ya explique anteriormente lo que son los pecados capitales entonces voy a entrar de lleno a la ira, ese defecto de la mecha de corta duración. Es interesante que gran parte de la enseñanza bíblica que tiene que ver con el tema de la ira se encuentra precisamente en el Libro de Proverbios, que es nuestro manual de instrucciones para transitar por la ruta conveniente y llegar bien a nuestro lugar de destino. Este es el manual que he tomado con las instrucciones precisas para no desviarnos y al que he llamado en este libro Guía Proverbial de Sabiduria (GPS).

En la actualidad son pocos los que no conocen lo que es un GPS, Sistema de Posicionamiento Global, funciona bajo una red de satélites en órbita sobre el planeta tierra, debido a su gran utilidad, hoy en día lo usamos con mucha frecuencia, lo tenemos a través de receptores que podemos comprar en tiendas, además que muchos autos nuevos ya vienen con el sistema de navegación incluido, también nuestros ya casi perteneciente al cuerpo humano, el inseparable teléfono móvil o celular viene con aplicaciones para usarlo como nuestro manual de instrucciones para la ruta a seguir. Lo interesante del asunto que estoy escribiendo es que usted tal vez nunca ha ido a un sitio y además nunca ha estado antes en esa ciudad o Estado, y tiene que ir a un sitio al que no conoce ni sabe llegar, entonces toma el GPS y le pide las instrucciones para llegar a la dirección que tiene, allí comienza lo curioso, y es que aunque nunca ha estado en ese sitio el GPS le dice, a media milla haga una izquierda, y usted hace una izquierda, luego le dice que se mantenga en la línea derecha y salga en la siguiente salida y hacemos caso a esa instrucción y no nos ponemos a pensar, y que tal si esa no es la dirección correcta? No pensamos: y si está equivocado y me lleva hacia otro sitio? No, no pensamos así porque sabemos que los satélites están arriba y nos están guiando según nuestra posición al lugar que queremos ir, eso es lo que nos hace seguir esas instrucciones con toda confianza, el satélite puede ver lo que yo no veo. Y ya se imagina por que le escribo esto, si, así es, Dios lo ve todo y lo sabe todo, es omnisciente y omnipresente, y sabe donde estamos y hacia donde nos dirigimos, y también sabe lo que nos puede hacer que perdamos la ruta correcta hacia nuestro destino final, y esos obstáculos o impedimentos son los que nos quiere dar a conocer para que lo evitemos. Uno de esos impedimentos es la ira.

La Ira: No es cosa de juegos.

Cuando buscamos en el diccionario la definición de Ira, nos dice que es un sentimiento de enfado muy grande y violento, otra de las definiciones de ira que encontré dice que es pasión violenta que mueve a indignación y enojo.

Ahora cuando vemos los conceptos podemos ver que ambos encierran dentro de ellos la palabra violencia. Y es a ese tipo de ira que quiero dedicar este capitulo, ya que una persona puede sentir ira en un momento determinado por algo que considera injusto u ofensivo, pero no necesariamente tiene que haber violencia, es una irritación suave por una situación de disgusto que tiene una corta duración y donde las emociones son controladas de manera total.

No quiero dirigir este capitulo a ese tipo de ira que cualquiera de nosotros podemos experimentar en diferentes momentos del día, ya sea por alguna molestia con alguien al tomar el desayuno, o mientras conducimos nuestro auto al trabajo. Voy a tratar el tipo de ira que deja consecuencias, si tomamos en cuenta el manual de proverbios, vemos que uno de los textos que leímos al inicio de este capitulo nos hace una descripción de una clase de personas que se enojan fácilmente. Y no quiero pasar por alto el término mencionado en proverbios 14:17 "fácilmente", es decir, una persona que por un pequeño acto que considera injusto o desagradable pierde el control y hace un acto vergonzoso. Muchas personas hacen cosas muy fuera de si, cuando están bajo la ira y hacen el ridículo delante de quienes estén a su alrededor. Es de hay que se ha dicho que la ira es una locura de corta duración. He podido ser testigo de escenarios donde una persona iracunda pierde el control y deja ver su lado obscuro y además decepcionando a todos aquellos que le admiraban, los he visto gritar con toda sus fuerza, lanzar un objeto que se tiene a la mano, golpear una mesa, tirar una puerta, cortar una llamada telefónica y lanzar el móvil contra el piso, arrancar el auto chillando las llantas contra el pavimento y salir a una velocidad arriesgada, castigar a su pequeño hijo con ira tirando de los cabellos, darle bofetadas con tanta ira que el niño no olvida esa escena, y muchas cosas que no son agradables de ver como resultado de su enojo. Ahora lo que quiero atacar para servir de ayuda con este manual es que la palabra de Dios nos hace una sería advertencia sobre esa conducta de enojo desmedido y le llama a esas personas iracundas. El escritor a los Proverbios no deja ninguna duda al mostrarnos los daños que pueden producir los que manifiestan su ira de manera alocada, ya que producen daños a los que le rodean, cónyuge, hijos, compañeros de trabajo, y las herencias que dejan llevando a otros a responder de la misma manera.

A los que leen este libro y aún están solteros quiero que este manual de vida sabía, le ayude a examinar muy bien bajo la luz de esta Palabra Bíblica, a la persona que usted tiene como prometido o prometida para casarse; preste atención a su respuesta cuando las cosas no le salen como las esperaba, se enoja de inmediato? Como actúa cuando no se complacen sus deseos? Esas respuestas son indicadores que le están mostrando que no debe tomar una decisión ciega de casarse con alguien que no controla sus emociones; y quiero que lea esta porción biblica conmigo, se encuentra en Proverbios 22:24-25 "No te entremetas con el iracundo, Ni te acompañes con el hombre de enojos, No sea que aprendas sus maneras, Y tomes lazo para tu alma". (Proverbios 22:24-25 RVR1960). Por favor no pase por alto está palabra de Dios para usted, posiblemente es una luz roja en el camino que hoy se esta encendiendo para decirte, detente, no continúes por ese camino pues puede traerte dolor y fracaso irrecuperable. Cuando usted permite que sean sus sentimientos y no la razón los que determinen sus decisiones, usted esta tomando una decisión de alto riesgo, en otras palabras, usted sabe que la persona con quien usted piensa unirse en matrimonio le ha dado indicios que es violenta, que no contarla su ira, que quiere controlar tus amistades, que te quita el teléfono de la mano con ira para revisar tus llamadas y mensajes, que te lástima con sus palabras y luego te dice que le perdones, que no lo volverá a hacer, para luego en poco tiempo volver a repetir la situación. Entonces la razón, esa capacidad de pensar y analizar que Dios te ha dado te esta diciendo: "PELIGRO" pero entonces aparecen los sentimientos y comienzan a hablarte, diciéndote que es que te ama mucho y por eso es que actúa de esa manera, luego piensas: "es que sin el o sin ella me siento sólita, lo necesito, es que lo amo, yo se que va a cambiar" y eso te lleva a no prestar atención a la razón y solo guiarte por los sentimientos. Dios te dice, al unirte a ese tipo de personas te expones a quedar herido, y además te llevará a aprender sus maneras, te ligarás y aprenderás sus malas costumbres. Eso es lo que nos dice el texto leído de proverbios.

El descontrol es una señal que algo anda mal.

Si seguimos prestando atención al GPS Divino (Guía Proverbial de Sabiduría) nos indica que la mejor ruta se conduce con el que tarda en airarse, "pues mejor es el que tarda en airarse que el fuerte, el que domina su espíritu que el conquista una ciudad" Prov. 16:32.

No poder controlarse es una señal de peligro, es un indicativo de algo interno, algo que está en su yo interno y que se manifiesta en una situación para luego justificar su enojo, diciendo que los demás son los culpables de sus molestias, si no hubieses hecho esto o si no hubieses dicho esto otro entonces yo no me hubiera enojado, eres tu quien provoca que yo actúe de esa manera. Y allí está la excusa para no reconocer que necesita ayuda, pues es una persona de peligro.

Hace muchos años supe de un caso de una joven cristiana que cantaba en el coro de su iglesia, bien interesada en las cosas espirituales, ferviente en la vida cristiana y además muy atractiva físicamente, comenzó un romance con un joven de otra iglesia, el también con un físico bien parecido y asistiendo a una iglesia, despertó el interés en ella. Comenzaron un noviazgo y quienes les veían opinaban que eran una pareja ideal, a ella le decían que se había sacado un premio pues un hombre con ese físico podría conquistar a cualquier mujer y que ella era privilegiada. Esta joven cantante del coro enamorada de este muchacho buen mozo comenzó a ver en el ciertas conductas preocupantes, apretaba los puños fuertemente cuando se le contradecía en algo, otras veces se pasaba ambas manos por su cabeza con un rostro de frustración y en varias ocasiones de desacuerdos, mientras estaban caminando se adelantaba y la dejaba sola y en algunas oportunidades se iba y no regresaba a donde estaba ella. Ella se lo hizo saber a una de sus amigas del coro y ella le dijo que lo hablara con su pastor. A pesar de eso, esta joven pensaba que era algo pasajero y además a un hombre tan guapo y al que tantas muchachas quisieran tener no se puede peder por esos detalles. Su boda fué la del uno con el otro, parecían modelos para una revista, allí se prometieron amor para toda la vida, antes de los 24 meses de estar casados en una nueva discusión y pelea por los gastos de dinero, este muchacho agarró un envase que contenía gasolina y se lo roció sobre su cuerpo y mientras ella corría hacia afuera de la casa huyendo, el la alcanzó y le prendió fuego en sus ropas y mientras ella corría por las calles buscando ayuda, la brisa que soplaba avivó más el fuego y murió quemada por su propio esposo que le juró amarla por el resto de su vida. La ira no es cosa de juego, por eso la palabra de Dios nos dice que ese tipo de personas hará locuras.

Leí también sobre un entrenador de fútbol que decidió sentar en la banca a uno de sus jugadores por el bajo rendimiento que estaba teniendo ese día, y el padre de ese joven que estaba viendo el partido al terminar fué donde el entrenador para reclamarle por haberlo sacado del juego y allí comenzaron a tener una pequeña discusión debido a las razones que el entrenador le daba que hizo que este padre tomara al entrenador del cuello y lo arrojara al piso cayendo con su pesado cuerpo sobre el hasta que lo mató asfixiandolo.

Esa es la ira que domina hoy nuestra cultura, nos hacen creer que tenemos que hacer valer nuestros derechos, que nadie nos humilla y al que me las hace me las paga.

Y así puedo pasar página por página hablando sobre este enemigo común que tanto daño ha hecho a nuestra sociedad, el enojo, la rabia, cólera, furia, ira, calentón y muchos tantos nombres más pero las consecuencias las mismas, dolor y resentimiento que lleva a una cadena de acciones similares.

Enfrentese a su ira y decida derrotarla.

Después de leer y quedar convencidos que no es una buena ruta para continuar siguiendo este recorrido, entonces vamos a hacer un cambio de dirección y dejemos que el GPS nos conduzca por la avenida victoria sobre el enojo. Cual son las indicaciones para el camino correcto? Bueno vamos al manual de instrucciones, el libro de Proverbios, y veamos los primeros pasos a dar.

1.- PASAR POR ALTO LA OFENSA.

Leamos este pasaje: El buen juicio hace al hombre paciente; su gloria es pasar por alto la ofensa. (Proverbios 19:11 NVI)

La sociedad nos empuja a que defendamos nuestros derechos, no se deje intimidar, pelee, grite, haga que lo respeten, pero Dios nuestro Creador, quien nos conoce mejor que nosotros mismos, no alienta a que seamos los suficientemente sabios para no dejar que la ofensa recibida nos saque de control, Dios dice, pásala por alto, en otras palabras, no le preste la suficiente atención como para que le lleve a defenderse, a buscar pleitos. Déle una lección a su ofensor mostrándole que usted es más sensato que el, pasando por alto la ofensa.

Doblegue su ego y créale a Dios.

Desde el huerto del Edén nosotros traemos una herencia producto del pecado de nuestros primeros padres, un mecanismo de defensa que nos impulsa a defendernos; tu me haces yo te hago, tu me ofendes yo te ofendo, tu me gritas yo te grito, de allí la ley del ojo por ojo, diente por diente, brazo por brazo. Nuestra naturaleza pecaminosa y sin Dios, trajo como consecuencia que si alguien me saca un diente entonces yo le saco toda la dentadura, alguien me saca un ojo yo entonces lo dejo ciego. De allí nuestro Señor Jesucristo enseñando decía: ustedes escucharon que la ley de justicia es ojo por ojo, diente por diente, es decir, un uno por un igual, entonces Nuestro Señor nos enseña, pero yo os digo "el que te pida, dale, si alguien te quita la capa dale también la túnica, si te obligan a llevar una carga por una milla ve con el dos, al que te hiera en una mejilla ponle también la otra" eso es no te defiendas pasa por alto la ofensa. Y en esta segunda instrucción quiero tomar lo que dice Proverbios 15:1 "La blanda respuesta quita la ira; más la palabra áspera hace subir el furor"

Si usted quiere derrotar la ira debe saber que lo que diga va a determinar si apacigua la ira o la alimenta, cuando una ofensa es recibida usted debe obligarse a no responder una palabra áspera, al contrario busque la palabra blanda, la suave, la que al decirla hará que su ofensor baje la guardia, esto es bastante significativo cuando se trata de los cónyuges, pues las palabras que decimos cuando estamos bajo el enojo puede cobrar consecuencias de por vida. Controle sus palabras y estará dejando un legado para muchos. Mi esposa y yo lo hemos probado, ya sabemos que si en 5 minutos de un desacuerdo no hemos logrado una solución entonces no es sabio continuar argumentando porque ya hemos sufrido la desagradable sensación de frustración por decirnos cosas que nos han lastimado y todo por querer mostrar cada uno su punto de vista y al final salimos heridos y con una situación que no se resolverá en los próximos 10 minutos. Hoy por la experiencia que tenemos alguno de los dos saca la palabra blanda para apaciguar la ira del otro, a mi me han funcionado muy bien esta palabra blanda: "Yajaira, si seguimos hablando sobre esto ahora, tu vas a mantener tu posición y yo voy a mantener la mía, así que no sigamos hablando sobre esto ahora, hablamos después sobre esto, si quieres sal y te vas a unas tiendas y después terminamos de hablar", no se el porque, pero al regresar de las tiendas Yajaira llega diciéndome que estaba de acuerdo conmigo; Jajaja es solo una broma. Ahora usted puede buscar su estrategia para la respuesta agradable pero lo importante es que usted haga uso de la respuesta blanda.

CAPITULO 8

La perseverancia: una clase en la escuela de la hormiga.

Si no lo ha olvidado, en el capitulo sobre la pereza les mencioné que iba a tomar los pasajes bíblicos que nos habla sobre la hormiga para escribir otro capitulo para este libro, lo recuerda? Bueno, si no lo recuerda no hay problemas, aquí los quiero compartir con usted ahora, así los escribió el Sabio Salomón:

"Cuatro cosas son de las más pequeñas de la tierra, Y las mismas son más sabias que los sabios: Las hormigas, pueblo no fuerte, Y en el verano preparan su comida; Los conejos, pueblo nada esforzado, Y ponen su casa en la piedra; Las langostas, que no tienen rey, Y salen todas por cuadrillas; La araña que atrapas con la mano, Y está en palacios de rey." (Proverbios 30:24-28 RVR1960)

"Ve a la hormiga, oh perezoso, Mira sus caminos, y sé sabio; La cual no teniendo capitán, Ni gobernador, ni señor, Prepara en el verano su comida, Y recoge en el tiempo de la siega su mantenimiento". (Proverbios 6:6-8 RVR1960)

No se sí a usted le causa curiosidad pero a mi si, leer que Dios nos escribe instrucciones para que aprendamos de animales, y en especial de animales casi insignificantes como la araña o la hormiga. Tal ves del oso, del elefante o el leopardo sería más fácil prestar atención, pero que aprendamos de las cualidades de una araña o de una hormiga, bueno en verdad Dios es bien detallista. Así que recibamos el consejo, aprende de la hormiga, ahora, que más podemos aprender de ella? Bueno en el capitulo 30 nos dice "que son una de las más pequeñas de la tierra y las mismas son más sabias que lo sabios"; es más se me ocurre pensar mientras escribo, que si alguien le dice a otro: "sabes una cosa? Yo te veo como una hormiga", de seguro que el otro pensaría que lo esta ofendiendo, pues no lo va a asociar con cualidades de sabiduría sino como alguien sin importancia. Dios sin embargo nos hace una invitación a analizar, somos seres racionales pero debemos aprender de seres irracionales. Dios nos dice, si quieren tener éxito en la vida tienen que aprender de la hormiga, "pueblo no fuerte" es decir son débiles, en contraste a las personas que pueden defenderse, ellas no, al contrario, pueblo no fuerte, son frágiles, vulnerables al ataque y se les puede matar fácilmente. Entonces donde está la enseñanza para aprender de ella? está en que a pesar de no ser fuertes, a pesar de su incapacidad para protegerse, son perseverantes, nunca se rinden, siempre van hacia adelante. Trabajan diariamente para asegurar su entorno de vida. La hormigas nos dan el ejemplo de la dedicación; y por favor reciba estas palabras con amor, aprendamos de la hormiga, sigamos su ejemplo, ellas nunca se rinden, ellas hacen que su comunidad este bien provista de todo, trabajando día a día, paso a paso, sin rendirse ante los obstáculos. Nosotros debemos aprender de su escuela. Esto me hacer recordar que cuando yo era niño no tenía muchas posibilidades de tener juguetes fácilmente, debido a lo poco que teníamos en casa, no tenía muchas alternativas de juegos, no tenía con que jugar y entonces.... Si eso mismo que está pensando, allí estaban las hormigas, trabajando y trabajando, y yo las miraba subiendo por una pared con una carga sobre sus cabezas para llevarlas a su cueva donde la almacenarían para la llegada del invierno, y eran muchas subiendo y bajando, entrando por ese pequeño orificio, con cargas para ellas pesadas para su tamaño y como no tenía yo nada que hacer, entonces me concentraba en una hormiga en particular y cuando ella venía llegando a la entrada de la cueva con su pesada carga, yo con un palito de fósforo la derribaba hasta el suelo, y allí caía la hormiga y su carga, entonces, miraba cuando ella iba a buscar de nuevo su carga y comenzaba a subir de nuevo la pared y yo esperaba que estuviese a punto de entrar y ... zaz! la derribaba de nuevo, algo cruel, no le parece? Si de verdad cruel para todo el trabajo que esa hormiga hacia, pero de algo no me olvido, esa hormiga no se rendía, no importaba cuantas veces yo la derribaba, ella volvía a comenzar, muchas veces la soplaba con fuerzas, y allí se sujetaba con sus insignificantes patas a la pared y esperaba hasta que se me acababa el aliento a mi y entonces ella continuaba su trabajo. Hoy cuando lo relato en este libro entiendo porque Dios nos dice "aprendan de ella, que no tienen capitán, no son pueblo fuerte, pero no se rinden, no se dan por vencidas, siempre inician su labor después de un revés. Podríamos hoy decir con toda convicción, "voy a aprender de la hormiga", voy aprender de su éxito de vida, su éxito está en que ellas son perseverantes.

Haga planes y no se rinda hasta alcanzarlos.

Es necesario que hagamos una comparación de las enseñanzas de la universidad de la hormiga con lo que esta sociedad del "éxito instantáneo" nos vende a través de seminarios, promociones y tantas publicidades que nos presentan la vida como algo fácil, y como es de esperar, cuando los resultados no son inmediatos entonces viene el desanimo por los puntos de comparación entre la realidad y la fantasía. Este capitulo lo escribo con gran convicción debido a que muchos logros que hemos alcanzado han sido después de algunos fracasos que a cualquiera lo puede dejar desanimado. Quiero dejarle convencido de una vez por todas que la vida no es fácil, está llena de muchos momentos difíciles que se presentan y nos llevan a irnos por el camino fácil del rendirnos. He escuchado a muchos que han alcanzado sus metas decir, que el camino al éxito está pavimentado con el concreto negro del fracaso. Así que hoy quiero llevarle a que mire sus planes, aún aquellos planes a los que ya ha desistido y que ni siquiera están en su imaginación, recuérdelos hoy, tal vez sea aprender a hablar un nuevo idioma, o establecer su propio negocio, o escribir un libro, o tal vez sea perder peso, o cualquier cosa que haya intentado en el pasado y que el fantasma del desanimo le ha aparecido y le ha llevado como a muchos a decir " hasta aquí llego" y luego se sienta a ver a otros, tal vez menos capacitados que usted o hasta con menos talentos, pero con el norte fijo de la perseverancia alcanzando sus metas. Quiero decirle algunas verdades importantes sobre el valor de la perseverancia, se las quiero dejar aquí escritas para que las lea y las lea hasta que se hagan un hábito en usted:

1.- Aún cuando somos cristianos y amamos a Dios tenemos que enfrentar obstáculos. Por favor saque de su mente el pensamiento ultra cristiano que nos dice que si las metas que nos proponemos se ven enfrentadas a problemas es porque entonces Dios no quiere que lo hagamos, pues si fuera la voluntad de Dios entonces no sería tan difícil. Al primero que dijo eso deberíamos hoy cobrarles todo el precio de talentos que se han desperdiciados debido a una enseñanza dañina y no apoyada por la Palabra de Dios, recuerda lo que Dios dice de la hormiga? Aprende de ella, persevera, también le quiero mencionar que cuando Dios llamó a Josué para que continuara el trabajo iniciado por Moisés le dijo estas palabras en el capitulo uno de su libro: "mira que te mando que te esfuerces, que seas muy valiente, que no temas ni desmayes... siempre te ayudare... Josué 1:9. Ahora si fuese correcto enseñar que cuando emprendes algo y tienes muchos impedimentos, entonces es una señal que Dios no te está respaldando, pues si fuese Dios quien te envía a hacerlo deberías tener las puertas abiertas, no debería ser tan difícil, y eso se le ha dicho a muchos, entre ellos a ministros, pastores que inician en el ministerio y entonces debido a esa enseñanza deciden claudicar, renuncian al trabajo ministerial creyendo que fue una decisión errada. Sin embargo, leemos en la Biblia que cuando Dios comisiona a Josué para el trabajo de sustituir a Moisés, le dice, no desmayes, se muy valiente, no temas; y quiero que analice, si fuese algo fácil pues es Dios quien me envía, entonces para que decirme todas esas promesas, si se me dice "no desmayes, esfuérzate" entonces eso implica que no va a ser fácil, que van a venir desánimos, obstáculos pero Dios te dice "adelante, continúa, no te rindas pues yo estoy contigo".

2.- No todos los que se dicen ser amigos realmente lo son. Este segundo principio para la perseverancia debe ser parte de su estilo de vida, y es que todos nosotros estamos rodeados de personas que dicen ser nuestros amigos pero que en su interior desean nuestro fracaso, es triste decirlo pero es una realidad, hay quienes te abrazan y te dicen que te aman pero no se alegran de tus logros. Así que debes estar preparado para escuchar de muchos que están cercanos a ti, que cuando comienzas algún proyecto te vienen con palabras que pueden desanimarte, "eso no vale el esfuerzo" "tu no naciste para eso" "no te hagas falsas ilusiones pues puedes quedar frustrado"; tener gente así en nuestro círculo de amistades es nocivo para lograr las metas. Si tiene personas que cuando hablas con ellas te desaniman, entonces no te conviene ese tipo de amistades.

3.- Todos los éxitos de hoy fueron acompañados de los fracasos de ayer. Cuando leemos la biografía de los que han alcanzado grandes cosas, vemos que todos tienen algo en común y es que no se rindieron ni se dieron por vencidos, y la perseverancia es lo que tiene sus nombres fuera del anonimato, algunos de esos nombres que hoy son conocidos debido a que decidieron seguir a pesar del desanimo, decidieron perseverar a pesar de los fracasos, son Walt Disney el famoso creador de Micky Mouse, Tomás Edison el creador del foco o la bombilla, Steve Jobs de la compañía Apple, la lista es larga pero quiero animarte a que tu seas parte de esa lista, los que a pesar de los desánimos del camino continúan en dirección al objetivo. Y quiero terminar este capitulo con una frase célebre de el gran Libertador Simón Bolívar quien dijo: "Dios concede la victoria a la constancia." Sea perseverante y será testigo junto a su familia de la bendición de Dios.

CONCLUSIÓN

Hay camino que al hombre le parece derecho; Pero su fin es camino de muerte. (Proverbios 14:12 RVR1960)

Hacer planes para viajar a un sitio es una cosa y realizar el viaje es otra, es mi deseo que las instrucciones compartidas en este manual le permita transitar su jornada día a día, semana a semana y año tras año minimizando los obstáculos y dificultades del camino. Quiero que sepa que en mi experiencia de vida he podido ver a muchos perder el rumbo correcto y hoy se enfrentan a consecuencias dolorosas y muchas irreparables de por vida, así que le agradezco acompañarme en esta jornada que tiene como destino la Eternidad con Dios, nuestro Creador, quien nos hizo y nos conoce mejor que nosotros mismo, el es Omnipresente, es decir está presente en todo lugar, y su poder es superior a cualquier satélite del Global Posición Systems (GPS) y El puede llevarle a que recorra por la ruta que le conducirá a vivir con El por toda la eternidad. Su palabra nos dice que Hay camino que al hombre le parece derecho; Pero su fin es camino de muerte. (Proverbios 14:12

RVR1960). No busque atajos, no corra a la deriva, busque a Dios y su Palabra y transite por el camino que llevará al propósito de nuestro Creador, el Eterno Dios, y que podamos juntos celebrar victoriosos nuestra destino final.

UNAS PALABRAS FINALES

Han pasados muchos días desde que comencé a escribir este libro hasta el día hoy que lo he terminado, cada uno de esos días con sus periodos de 24 horas y en todo este tiempo han sucedido muchas cosas que me motivan y me impulsan a dedicar más mi vida al servicio de nuestro buen Dios, a quien le agradezco todo lo que soy y todo lo que tengo. No existe en mi ninguna duda que no hay nada que yo tenga que no lo haya recibido de Dios, los bienes materiales, casa, carro, ropa, dinero y también las cosas intangibles como habilidades, talentos, dones e inteligencia lo he recibido de El. Entonces vivir para Dios es para mi la razón de mi existencia y quiero despertar en usted ese deseo de ver la vida desde un punto de vista espiritual, desde el punto de vista de lo eterno, ya que los cortos años de nuestra vida se verán enfrentados algún día con la eternidad, tarde o temprano tendremos que irnos de esta tierra, y no se confíe en su estado de buena salud o en su vida aun joven o en cuanto éxito haya alcanzado hasta hoy, la muerte es una realidad inevitable y debe estar preparado para ese momento. Usted sabe de excelentes deportistas, brillantes políticos, talentosos artistas de la música o actuación, poderosos empresarios creadores de imperios y gente común y corriente que hoy están muertos, que se han ido y muchos con una muerte repentina como la caída de un avión, un accidente en auto, una sobredosis de droga o asesinados por gente cercana a ellos que les envidiaban en lo secreto de su corazón. Así que viva su vida terrenal a plenitud, disfrute el estar vivo pero no se olvide que no hay plazo que no se venza y entonces le exhorto a que en su GPS usted agregue como punto de destino la eternidad con Dios, pues de no hacerlo lo habrá perdido todo. Y término con estas palabras dichas por Nuestro Señor Jesucristo: Porque ¿qué aprovechará al hombre, si ganare todo el mundo, y perdiere su alma? ¿O qué recompensa dará el hombre por su alma? (S. Mateo 16:26).

Otro libro escrito por el pastor J Antonio Massi.

Ministerio Restaurando La Familia

J. ANTONIO MASSI
PRÓLOGO DR. LUIS ÁNGEL DÍAZ-PABÓN

*Un **Misterio** llamado*

Matrimonio

Ayuda para descubrir principios bíblicos
para el éxito matrimonial

Un libro de ayuda para su matrimonio.
Adquiéralo ya!